KB230942

호위낙선법, 대련법, 사격술법

6

경호무술

Since **1992**

警護武術

호위낙선법, 대련법, 사격술법

6

경호무술창시자 **장명진** 지음

이담 Books

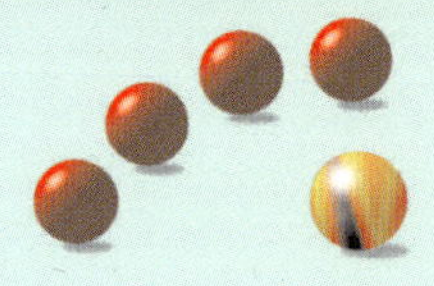

경호무술이란 자신을 포함하여 경호 대상에게 가해져 오는 공격으로부터 신체 및 생명을 보호해주는 **호위호신무술**이다.

경호무술을 창시한 본인은 1986년 군 복무시절 708특공대(경호부대)에서 경호무술에 대한 연구를 시작하였고, 1992년 3월 18일 국내최초로 서울특별시 중랑구 신내동에 경호원을 양성하는 국제경호아카데미를 개원하였다. 이후 1994년부터 2004년까지 『경호무술』, 『경호실무』(개정7권)를 공식 출판했으며, 특히 경호무술에 대한 무적·공법·기법·격투체계에 대하여 체계화와 정형화에 힘써 왔다. 아울러 경호무술에 대한 학문적 이론을 정립하여 체계화하였다. 국제경호아카데미 경호원 양성과정 및 장명진경호무술원과 대학교 등 외부기관에 출강하면서 착안한 경호무술 교육체계에 대하여 연구 표준화한 것을 1996년에 오픈한 사이버 경호무술교실에 구축하였다. 구축한 연구 내용을 정리하여 2004년 경호무술 개정본(본인이 직접 연구, 저술, 시연, 편집, 출판해 1인 5역으로 1,704page, 무게 8kg, 대작완성)으로 발간하였다.

이렇게 연구 출판된 『경호무술』은 각 군 관계부대와 직무에 관련된 정부기관인 경찰청, 경호처, 국정원, 법무부, 국무총리실, 국회 등 관계기관을 포함해 대학의 경호 직무 관련(경호, 경찰, 군사, 교도 등) 학과와 경호무술원지도자, 수련자들에게 전공 및 연구교재로서 사용되면서 체계화된 학문적 이론과 과학적인 기술이 널리 알려지게 되었다. 아울러 국민의 여가와 체위 향상에 기여하고 있으며, 새로운 직업 창출에도 이바지하고 있다. 또한 해외보급이 본격화되면서 문화외교 역할을 통한 국위선양과 경제활동을 통한 서비스 산업으로 국익에 크게 기여하고 있다. 이처럼 경호무술은 그동안 최단 기간에 우리의 대중적 무예로 크게 발전해 국가와 사회에 기여하게 되어 창시자로서 매우 기쁘게 생각한다.

무예는 전통적으로 지·덕·체를 교육이념으로 삼아 왔으며, 또한 충효의 근본을 가르치는 역할을 담당하기도 했다. 무예를 가장 큰 교육이념으로 여겼던 나라는 동서양을 막론하고 대부분 부국강병을 성공적으로 이루어 오늘날 군사 및 경제 대국이 되었다. 세계사에서 부국강병을 이루게 된 대표적인 나라들로 영국과 일본을 주목하고 있다. 이들 나라의 공통점은 그 나라를 대표하는 무인정신을 꼽는다. 영국은 기사도정신 그리고 일본은 사무라이정신이 바로 그것이다. 이 같은 정신을 무사도 정신이라고 말하기도 한다. 중국 또한 무예를 신(神)이라 부를 만큼 신성시해 왔으며, 무예인들이 인격도야에 정진하면서 무예인을 도사라 칭하기도 했다. 이처럼 무예는 정치, 경제, 사회, 문화를 초월하는 보이지 않는 강력한 힘으로 다양한 가치를 재창조하는 에너지 원천과 같아 오늘날 첨단과학이 지배하고 있는 21세기가 된 지금도 세계 각국은 무예를 다양한 각도에서 연구하고 활용방안을 모색하고 있다. 많은 나라가 무예를 학교 체육 정규과목으로 채택해 교육을 강화하고 있으며, 문화 자원화 차원에서 무예에 대한 지식재산권을 확보하는 데도 힘을 쏟고 있다.

이 같은 변화에서 다소 늦은 감은 있으나 우리나라에서도 2008년 전통무예진흥법이 만들어진 점에 대하여 매우 다행스럽게 생각하며, 경호무술이 향후 국민의 건강 및 문화생활향상과 더불어 안전하고 행복한 삶을 추구하는 무술로서 한국을 대표하는 무예로서 세계화되기를 바란다. 끝으로 2011년 경호무술 책이 분권 출판되게 도와주신 한국학술정보(주) 사장님 및 관계자와 우리 가족 모두에게 깊이 감사한다.

경호무술창시자 장명진 약력

- 사단법인 한국경호무술진흥회 회장
- 전통무예원류적통자 모임 간사
- 장명진경호무술원 총원장
- 국무총리실 국가재난관리본부 자문위원
- 초당대학교 경호학과(경호무술) 겸임교수
- 고려대학교 사범대학원 석사과정(경호무술) 강사
- 선문대학교 무도학과, 충청대학 태권도학과(경호무술) 강사
- 국립경찰대학 수사보안연수소(인질협상/경호전략) 강사
- 중국연길시공안국 보안전문대학교 명예교수
- 한서대학교, 서일대학 사회교육원 경호학과(경호무술) 강사
- KBS아카데미 경호원 양성과정(경호무술) 강사
- 사단법인 한국무예포럼 운영위원
- 주식회사 탐경(경호회사) 대표이사
- 국제경호아카데미 원장
- 국제경호협회 회장
- 한국안전교육학회, 한국경호경비학회 운영위원
- 사단법인 한국경비협회 신변보호분과 운영위원
- 사단법인 한국직능단체총연합회 상임부회장
- 제10기 민주평화통일 자문위원(대통령)회 자문위원
- 윗몸일으키기(14,824회) 기네스 기록보유(1990년)
- 『경호무술』, 『경호실무』 저술(개정7권, 1994년~2011년)
- 『경호직무능력표준』, 『경호자격규정집』(2004년~2005년)
- 「경호산업문제분석과 발전방안에 관한 연구」외 다수
- 대통령표창(2002년), 국무총리표창(2007년)

[무술입문 및 경호무술 창시 보급]

7세에 무예에 입문하여 태권도, 태껸, 합기도, 쿵후 등을 수련하고 경호무술을 창시하는 등 40여 년간 무공을 쌓았다. 1986년 708특공대(경호부대) 복무 중 경호무술 연구를 시작해 1992년 정립한 경호무술을 국내최초로 설립된 국제경호아카데미에서 경호원양성 교육과정 으로 지도하기 시작했다. 이후 대학(교) 경호무술학과 및 경호학과 그리고 유관학과에 보급 하였다. 1996년 국내최초로 인터넷 경호무술강좌를 시작하였으며, 초·중·고등학생 및 일반 인을 대상으로 경호무술원을 개원하여 전국에 보급하고 있다. 중국·미국·남미지역에 해외지 부를 두고 세계화 중에 있으며 국내외 주요 방송매체를 통해 크게 주목받고 있다.

목차

경호무술 창시 기원과 역사

제 6 권 호위낙선법, 대련법, 사격술법

경희

경 호 무 술
GUARD
MILITARY
II

GUARD MILITARY

警
護
武
術

警
護
武
術

護
警
術
武

護
警
術
武

護
警
武
術

警
護
武
術

1. 경호무술 창시 배경과 연구

경호무술을 연구하게 된 배경은 본인이 1986년 708특공대(경호부대) 군 복무 중일 때이다. 당시 우리나라 최초로 열렸던 국제적인 행사(86서울아시안게임)에 경호임무를 부여받아 경호작전에 투입될 군, 장병에 대한 경호교육훈련 프로그램을 준비하던 중에 경호직무에 필요한 매뉴얼을 연구개발하게 된 것이 경호무술을 창시하는 계기가 되었다.

당시 우리 군에서는 전술훈련, 유격훈련, 공수훈련, 충정훈련, 대테러진압훈련 등은 매뉴얼화된 프로그램은 있었지만 체계적인 경호훈련 프로그램매뉴얼은 없었으며, 특히, 경호직무에 적합한 호위호신 무술은 개발되어 있지 않았다. 군에서 도입한 당시 무예로는 태권도, 특공무술이 보급되어 있었으나 품세와 발차기 기술위주의 태권도와 야삽술, 총검술, 단검술과 같은 기술위주의 특공무술은 경호직무 수행에 적합하지 않다고 판단되어 경호직무환경에 적합한 새로운 경호기법과 호위호신무술을 창시자 본인이 독자적으로 연구하는 계기가 되었다. 이후 88서울올림픽 경호작전임무를 또다시 맡게 되면서 본격적으로 심도 있는 연구개발을 하게 되었다(본인은 경호학에 대한 학문적 이론을 최초로 정립한 경호실무 원저자이기도 함. 1994년 저술).

당시 무예연구를 위해 우리전통무예에 관한 문헌을 포함한 국내외 각종무술책 등을 참고했으며, 대통령경호실 연무관을 방문하기도 했었다. 그러나 기술개발을 위한 참고문헌은 매우 부족했으며, 대통령경호실 연무관마저도 태권도 유도 등을 경호원 교육교과목으로 채택해 수련할 뿐이라 특별히 참고할 만한 것이 없었다.

경호무술개발을 위해서는 경호직무환경을 충분히 고려하여 연구하고, 호위적 관점에서 기술을 체계화해야 하기 때문에 경호실무에서 요구되는 지식과 기술을 신체운동의 원리와 등속직선운동의 원리(물체에 힘이 작용하면 물체는 운동 방향이나 속력이 변하는 운동을 하게 됨) 등을 결합할 수 있도록 과학적으로 연구해야 한다. 특히 경호환경은 일격필살의 기술도 요하지만, 적을 일시적으로 신체 및 기선을 제압하여 역습을 차단하는 기술과 공격하는 기술이 적이나 제3자에게 노출되지 않도록 하는 기법이 더 요구되기 때문에, 이 같은 점을 고려하여 가능한 기술을 단순화하고 공격기술 또한 고의성이 노출되지 않도록 착안했다. 그리고 고대로부터 전해 내려오는 경혈(급소)에 대한 공격기법과 신체의 타격이 극대화될 수 있도록 다양한(치기, 차기, 꺾기, 찌르기, 긋기, 잡기, 조르기, 비틀기, 밀치기, 당기기, 던지기) 기술을 착안하고 다음으로 기술 간 결합해 응용할 수 있도록 연구했으며, 무기술을 새롭게 배우지 않아도 맨손기술을 무기술로 전환할 수 있도록 체계화해 짧은 기간의 수련으로도 많은 기술과 응용력을 극대화할 수 있도록 했다.

이외로도 적의 칼, 검, 곤, 총, 폭발물과 같은 무기 공격수단에 따라 대응할 수 있는 무기술을 포함해 다양한 급조무기술이 실전에서 자유롭게 사용되도록 창안했다. 이 같은 체계는 다양한 무예 수련단계를 줄여주는 효과로 인해 수련자가 배우고 익히기에 쉽도록 하는 효과도 있다. 그리고 적의 기습공격유형과 다수의 집단적 동시공격유형에 대비해 유효적절하게 대응할 수 있도록 방향전환과 위치이동에 자유롭고 빠르게 하기

위하여 불필요한 동작을 줄이고 에너지 소모를 최소화될 수 있도록 전환선법체계를 만들었다. 전환선법은 안정된 평형감각을 익히고 전후좌우를 직선, 사선, 곡선으로 짧고 길게 신축성 있게 움직일 수 있도록 체계화했으며, 이를 통해 신법, 두법, 권법, 수법, 족법, 무법을 자유롭게 공방기술로 구현하도록 했다. 즉, 위해기도 자들의 다양한 공격 유형에 신속 정확하게 대응할 수 있도록 착안했다고 할 수 있다. 수련단계 또한 기본 기술을 배우고 그다음으로 기술 간 연결해 혼용하는 방법을 배우고 마지막으로 수준을 높여 응용하는 방법을 배우도록 해 과학적으로 훈련되도록 하였다. 끝으로 수련자가 경호무술을 배우고 익히는데 어렵지 않도록 용법에 맞는 용어를 알기 쉽게 정리하였다. 이처럼 경호무술은 기술의 체계화와 정형화를 완벽하게 구현해 만든 최고의 무예라고 단언한다.

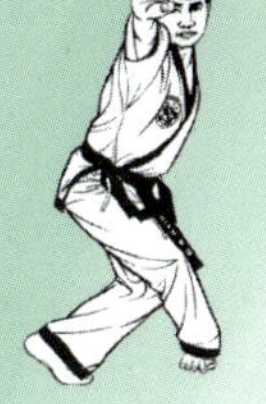

2. 경호무술 태동과 무예발전

무예는 책으로 전해지고 발전되어 내려왔다

무예는 싸움기술로서 상대를 제압하고 적을 살상하기 위한 기술로 발전해 왔다고 할 수 있다. 문헌 속에 담긴 기록에 의하면 무예는 국가적인 차원에서 관리할 정도로 매우 중요시했던 것으로 보인다. 특히 난세에 무예에 대한 중요성을 재인식하고 무예 책을 국가가 직접 편찬해 왔음을 알 수 있다. 우리 민족 무예문헌으로 발견된 무예제보는 임진왜란 직후인 선조 1598년에 편찬된 것이고, 무예제보번역속집은 12년 후인 1610년 광해군 2년에 편찬된 것으로 보아 임진왜란 직후 무예진흥의 중요성이 강조되면서 수년간 집중적으로 연구한 것을 알 수 있으며, 무예도보통지 편찬시점도 정조 14년 때인 1790년 간행된 것으로 군신 간 대립이 극도로 고조되었던 난세의 시기였다.

이 같은 사례는 가까운 중국도 예외는 아니었던 것으로 보인다. 중국의 대표적인 고대 무예서인 무비지를 편찬한 시기도 명나라의 내우외환으로 시대적 암흑기와 같았다. 무비지를 저술한 모원의는 후금 전권에 저항해 싸웠던 인물이다. 특히 여진족과 후금에 대한 적대감이 컸고 이들과 대립하며 무예진흥정책에 심혈을 기울였던 것으로 보인다.

최근 근대사에서도 이와 유사한 점을 발견할 수 있는데 가까운 일본이 제2차 세계대전 전후에 유도, 공수도, 합기도와 같은 책을 집중적으로 출간하였으며, 우리나라에서도 6·25사변 전쟁 직후인 1959년 최홍희 현역장군에 의하여 태권도 책이 출간되었던 점 또한 전쟁과 무관하지 않다.

본인이 저술한 경호무술 또한 사회질서가 문란하고 국제환경 또한 새로운 테러리즘에 의하여 개인의 신변위험이 크게 증가하면서 시대적 필요요구에 의하여 태동하는 배경이 되었다고 할 수 있다. 아울러 이런 관점에서 경호무술을 책으로 집대성하여 표준교범을 출간한 것이다.

무예연구는 국가가 주도(살생술 집중 연구)

이처럼 무예는 시대를 초월하여 권력유지와 국력을 유지하기 위한 수단적 가치로 널리 인식되었고 이로 인해 난세, 전쟁, 치안이라는 공통된 위험에 의하여 무예는 그 대안으로 자연스럽게 연구되었다는 사실이다. 아울러 이 같은 시기에 무예기법을 집중적으로 연구하면서 적을 효과적으로 제압하고 살상시킬 수 있는 기법을 연구하기 위하여 무예연구 전담기구들을 두었음을 알 수 있다. 이 같은 단서는 무예도보통지 기록에도 있다. 무예도보통지 편찬을 정조대왕의 명에 의하여 집필했다는 기록으로 봐서 국가가 전담 기구를 두고 주도적으로 연구케 했음을 알 수 있다.

이 같은 기구에 의한 무예연구는 맨손무예부터 창, 칼, 검, 곤과 같은 다양한 무기무예의 수련법까지 연구하고 더 낳아가 적을 효과적으로 살상할 수 있는 기법 개발을 위하여 살상력 효과를 보다 극대화하기 위하여 오늘날 화력전, 생화학전, 대테러전 등에 대비해 연구하듯이 당시에도 전문 연구기관을 두고 근접 육박격투전이 비중 있게 치러지던 전쟁의 특성상 이를 체계적으로 연구에 몰두했던 것으로 보인다. 특히 오늘날까지도 전해 내려오는 신체급소인 혈을 연구하기도 했던 것으로 보인다. 그리고 이 같은 연구를 위해 전쟁에서 포로로 잡혀온 적장이나 병사들을 대상으로 다양한 공격기법을 적용해 신체반응과 의식반응 호흡반응 등을 집중적으로 연구했을 것으로 추정된다.

그리고 지금까지 전해지고 있는 무예기법에서 사람을 치는 데는 반드시 그 혈로써 하는데, 훈혈(暈血)·아혈(啞血)·사혈(死血)이 있다. 그 혈을 가려서 가볍게 또는 무겁게 치면, 혹 죽기도 하고, 혹은 혼수상태에 빠지기도 하고, 혹은 언어장애인이 되기도 하는데, 털끝만큼도 차이가 없다는 기록이 있는 것으로 보아 신체 실험에 의한 것이 분명한 것으로 보이며, 당시의 연구들이 상당한 경지의 기법들로 연구되어 체계화되었던 것으로 보인다.

그리고 이같이 개발된 기법은 소수 핵심인물을 중심으로 공유되고 일반인들에게는 전승되지 않았던 것으로 보이고, 이 같은 비술은 왕을 호위하는 호위무사들에게 전승되어 오지 않았을까 하는 생각을 해 봤다. 또한 나라마다 이 같은 연구결과물을 비밀에 부치고 비급술로 전해졌으리라는 것이 본인의 연구결과다.

21세기 무예는 다가치에 의하여 발전

오늘날 현대사회에서는 무예가 전쟁뿐 아니라 범죄 및 테러의 증가 원인으로 개인의 호신적 기능으로 그 역할을 하고 있고 이외에도 국민의 체육 증진과 교육 증진에 이바지하고 있다.

최근에는 다양한 무예대회로 인한 스포츠와 오락 등으로 참여하고 즐기는 새로운 문화로 발전되고 있으며, 더 나아가 무예문화적 예술로 점프와 같은 무예공연으로까지 발전하고 있다. 이처럼 21세기 무예는 다가치에 의하여 다양한 영역으로 더욱 발전하리라 예상한다. 이처럼 대중적으로 수련층이 남녀노소로 확대되면서 보고 즐기고 참여하는 문화로서 새로운 무예문화로서 우리 생활 깊숙이 뿌리내리고 있다. 이 같은 변화는 이미 시작되었다고 할 수 있으며, 단순한 문화를 벗어나 이제는 무예산업으로 볼만큼 그 영역이 이미 전문화되어 있고 시장이 팽배해져 있다.

이처럼 무예가 다양한 계층과 사회에 기여하면서 그 기능과 역할이 확대될 것으로 보이며, 앞으로 경호무술이 무예산업을 주도해 나아갈 것으로 본인은 믿어 의심치 않는다. 옛날부터 전해 내려오는 말 중에 무예를 배우지 않는 사람은 자신의 몸을 귀하게 하지 않는 것과 같다는 말이 있다. 무예는 선택이 아닌 필수로서 우리 생활 속에 깊이 스며들고 있으며, 이로 인해 무예는 앞으로도 변함없이 계속 발전해 나아갈 것으로 보인다.

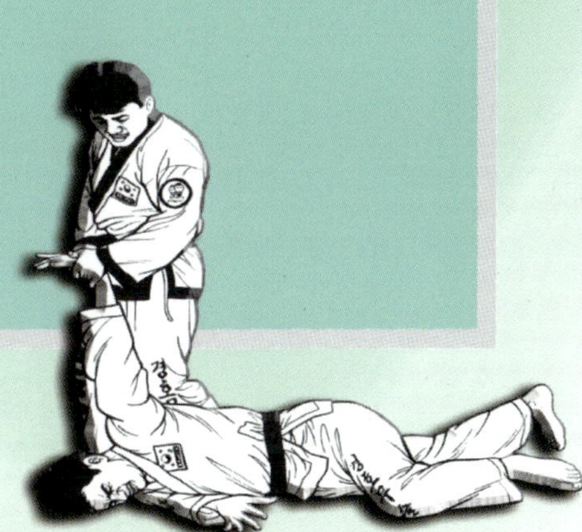

3. 경호무술은 우리 민족의 대표적인 전통무예다

전통무예 복원과 재현

경호무술은 역사적으로 조선시대에 궁중의 군왕과 궁성의 경호를 맡아보던 호위청(扈衛廳) (인조원년 1623년~고종 1894년)의 무예를 현대적 사회 여건과 무기 등 변화된 환경 등을 고려해 경호실무를 기초로 창시자 본인에 의하여 연구개발된 것이며, 전통무예정신을 기초로 체계화하였기 때문에 경호무술은 전통무예의 맥을 계속 발전시킨 것이라 하겠다.

우리나라에서도 많은 무예인이 전통무예를 복원하려고 심혈을 기울여 노력하고 있으나 기술체계에 관한 원형이 거의 남아 있지 않아 복원하기 어려운 상황이다. 따라서 그동안 연구개발된 대부분의 전통무예들은 복원무예라고 하기보다는 재현무예에 가깝다고 할 수 있다. 현재 복원했다고 하는 24반무예를 제외하고 18기, 6기 검법, 본국검, 마상무예 등은 80~90% 이상이 엄밀하게 말하면 유추해 재현한 것으로 복원무예라고 말하기에는 무리가 있다. 그나마 무예도보통지와 같은 실증적인 문헌이 존재하고 있어 재현에 근거가 될 수 있어 다행스러운 일이다.

그러나 그 외 복원무예라고 하는 무예 중 조선세법은 중국 명나라 때 모원의 라는 사람이 <무비지>라는 책에 조선세법(조선에서 배운 검법이라는 뜻)을 소개한 문헌을 근거로 우리의 전통무예를 복원했다고 주장하는 무예도 있다. 국명(國名)으로 사용했던 '조선'이라는 단 두 글자와 도면을 근거해 복원했다고 하는 무예를 과연 복원무예라고 할 수 있을까? 특히 조선세는 무예도보통지 24기 중 1기에 불과하고 무비지 24세 기본자세만으로 복원한다는 것 자체가 불가능하다고 보인다. 그리고 조선세법은 사실상 무예도보통지에 수록된 내용으로 새로울 것이 없다고 생각한다.

고 문헌에서 찾은 1,200년 된 경호무술 발굴

이같이 문헌적인 관점에서 경호무술을 바라본다면 경호무술이야말로 우리 전통무예 중에 가장 역사가 깊고 명확한 전통무예로서 대표할 수 있다고 본다. 물론 무예에 관한 사료가 부족하다 보니 성과가 노력보다 그다지 크지 않았지만 우리 민족 전통무예 경호무술이 있었다고 추정할 만한 문헌을 찾기는 그리 어렵지 않았다. 그러나 안타깝게도 1,300년 전부터 조선 말기까지 호위청에서 비술로 전승되어 오던 경호무술이 일본군에 의하여 단절되었다는 사실을 확인하게 되었다. 다시 말해 문헌을 통해 우리나라도 고유한 경호무술이 있었다는 사실을 알 수 있었다.

그리고 우리나라 경호무술의 역사는 문헌적 근거만으로 본다면. 신라 진덕 5년부터 조선 고종 31년까지 1,200년의 긴 세월 동안 이어온 무예임을 알 수 있다. 왕과 세자 그리고 왕성을 호위하기 위하여 설치되었던 기구들이 우리 역사기록에 고스란히 남아 이를 입증하고 있기 때문이며, 결정적인 단서로는 무예도보통지 저술에 참여했던 백동수 등은 왕의 호위를 담당하던 호위청(장용영)의 호위무사들이었다는 사실이 이를 뒷받침하고 있는 것이다.

고대 신라시대부터 고려시대 조선시대에 이르기까지 왕을 호위하기 위한 전담 기관을 두고 있었음을 문헌을 통해 확인할 수 있었으며. 그 기원과 기관은 신라 진덕 5년(651년)에 설치된 시위부[侍衛府], 고려 명종 9년(1179년)에 설치된 서방[書房], 고종 14년(1227년)에 설치된 도방[都房], 조선 태종 7년(1407년)에 설치된 내금위[內禁衛], 태종 18년(1418년)에 설치된 익위사[翊衛司], 인조(仁祖)원년(1623)에 설치된 호위청(扈衛廳), 정조 1년(1777년)에 설치된 숙위소[宿衛所], 고종 31년(1894) 호위청(扈衛廳) 등이 존재했음을 알 수 있다.

그러나 그 명맥이 하나로 이어졌다고 보기 어렵더라도 인조원년에 설치되어 고종 31년까지 유지되었던 호위청을 기준으로 보더라도 300년의 긴 역사를 유지한 것은 매우 놀라지 않을 수 없다.

일본군에 의하여 사라진 경호무술

조선시대 인조(仁祖)원년(1623)에 군왕과 궁성을 경호하기 위하여 호위4청을 두었고. 이후 현종(顯宗) 때에 호위 3청으로 개편한 후 정조(正祖) 2년(1778)에 호위1청으로 또다시 개편되었다가 고종 31년(1894)에 일본군이 경복궁을 점령하면서 호위청이 강제로 폐지되었다(갑신정변 이후 고종의 갑오개혁에 의한 군제개편으로 호위청이 폐지됨. 신식군대 도입의 일환이라고는 하지만 실상은 일본군 강압에 의하여 고종의 호위친위부대를 해체해 마지막 남은 조선의 왕권을 찬탈한 것이며. 이때 호위무술도 사라지게 됨). 이처럼 호위청에 관한 문헌은 조선왕조실록(인조실록, 정조실록, 고종실록)에 기록되어 전해 내려오고 있으나, 아쉽게도 지금으로서는 호위청에서 수련했던 경호무술원형을 확인할 수 있는 문헌이 발견되지 않았다. 그러나 다행스럽게도 훈련도감이었던 최기남이 편찬한 무예제보 번역속집 권법과 호위무사였던 백동수 등이 편찬한 무예도보통지 권법에 일부 단서가 남아 있어 귀중한 자료가 되고 있다. 그리고 100여 년 전에 일본군에 의하여 호위청이 강제 폐지될 때까지 300년간 이어온 점을 고려할 때 그 역사가 매우 깊은 만큼 매우 뛰어나고 훌륭한 경호무술 기술체계를 유지해 전승됐으리라는 추측이 가능하다.

이같이 고종 31년까지 300여 년간 우리전통무예문화로서 찬란하게 이어져 내려왔을 경호무술에 새 생명을 불어넣어 우리전통무예로서 후대에 훌륭한 문화유산으로 전해지기를 바라는 마음 간절하다. 일본군에 의하여 강제로 사장되어 100여 년간 역사 속에 묻혀 있던 호위무술이 21세기에 찬란하게 경호무술로 부활하기를 기대한다.

4. 무예고서에서 찾은 호위청의 경호무술

무예도보통지는 호위무사가 연구

경호무술연구에 전통적인 맨손무술인 권술, 권법, 공수라고 불리는 무예와 특히 조선 정조대왕 때 발간된 무예도보통지 권법은 본인이 경호무술을 연구하는 데 많은 도움이 되었다. 무예도보통지 편찬에 참여했던 인물 중 백동수 등은 정조대왕을 최측근에서 호위하던 호위청의 호위무사들이었고 이들이 남긴 문헌 속에서 경호무술의 단서를 유추할 수 있었다.

기효신서편에 나오는 권법해를 보면 권법은 수족을 활동시키고, 지체를 단련하니, 이것은 초보자들이 무예에 입문하는 길이다. 그리고 각종 무기술은 권법으로 몸을 움직임에서부터 유례하지 않는 경우가 없으매, 권법이란 것은 무예의 근원이다. 이렇게 기록되어 있다. 본래 무예는 권법, 즉 맨손무예를 제대로 익혀야 곤, 창, 칼, 검과 같은 무기술을 연마하는 데 어려움이 없다고 했다. 권법은 모든 무예수련에 있어서 그 기본이 된다고 강조됐으며, 이 같은 맨손무술은 적의 기습공격에 흔하게 벌어질 수 있는 경호 환경에서는 더욱 중요시된다고 할 수 있다.

오늘날 전통적인 무예를 연구하기 위해서는 고 문헌을 참고해 연구해야 하는데, 대부분 무예 관련 문헌은 조선실록으로 무예에 대한 발언록이 대부분이고 고 군사서에 나오는 유사자료 또한 군 전략 전술과 같은 내용으로 수록되어 무예원형에 대한 연구에는 큰 도움이 되지 못하는 것이 사실이다. 이렇듯 무예를 참고할 만한 고 문헌이 그리 많지 않은 상황에서 조선 광해군 때에 발간된 무예제보번역속집과 조선 정조 때에 발간된 무예도보통지만이 유일한 무예참고서라고 할 수 있다. 물론 역사적으로도 국내 유일본으로 사료적 가치로 볼 때 매우 중요한 가치를 지녔다고 할 수 있다. 그리고 무예서적에 나오는 여러 무예기법 중에서도 특히 권법을 참고해 연구하면서 새로운 사실을 알게 되었고 기술 및 기술체계에 대한 기술정립의도를 유추할 수가 있었다.

무예도보통지가 현재 남아 있는 무예교재로서는 최고 수준의 것만큼은 사실인 것으로 보인다. 그러나 본인이 연구해본 바로는 최고수준의 무예는 아니라는 결론을 얻었다. 물론 오늘날의 무예 수준과 비교한다면 더욱 그렇다고 할 수 있다. 그렇다면 왜 낮은 수준의 권법을 무예도보통지에 기술해 놓았을까? 궁금하지 않을 수 없다.

그동안 다른 무예인들의 연구는 무예도보통지 무예를 복원하려는 데 문헌에 있는 원형기록이 부족하고 도해가 정지된 장면이어서 연결동작을 알 수 없고 해설 내용 또한 예측하기 어렵다 보니 복원에 한계를 느껴 현란하고 화려한 동작 위주로 재현하려고 노력한 흔적들이 많이 나타난다. 이 같은 특징은 검술 등에서 두드러지게 나타나는 것으로 보인다. 그러나 본인은 우선 다른 무예인들과는 달리 무예도보통지 속에 호위적 관점에서 우리의 전통적인 경호무술이 어디에 그 단서가 남아 있지 않을까 하는 생각으로 무예제보번역속집과 무예도보통지에 기술된 권법에 주목하게 되었다.

특히 정조 대왕 어명에 의하여 무예도보통지 저술에 참여한 인물들이 정조를 최측근에서 호위하던 호위무사들로 구성된 점을 들어 당시의 경호무술 단서를 찾을 수

있을 것이란 생각을 하게 되었다. 아울러 달라진 현대적 경호환경에서 필요한 경호기법과 무예의 원리라도 경호무술은 그 기본 원리는 같지 않았을까 하는 호기심도 작용했다. 물론 경호환경이 아니더라도 권법은 변화된 시대적 환경에서도 여전히 맨손무술의 필요성이 강조되기 때문이다. 과거와는 달리 고전적인 칼, 검 무기체계와는 달리 현대화된 다양한 총기류와 폭발물 등으로 새로운 경호기법이 요구되기는 하지만 상대적으로 다른 위협수단 및 수준에 따라 맨손무술이 필요한 환경도 여전히 존재하기 때문이다. 그리고 무예자세와 체계는 물론 교육훈련을 염두에 두고 당시에 설정된 수련체계 및 수준설정은 어떻게 구성했는가 하는 관점에서 접근하려고 노력했다. 교육훈련이란 가르치고 배우는 관계가 설정되고 그 대상의 수준과 훈련의 목표를 설정했으리라는 추정을 했고, 이 같은 문제는 오늘날에도 꼭 필요한 설정이기 때문이다. 무예의 비술이나 비법을 확인하기 위해 연구를 시작했지만 무예문헌을 보면서 교육훈련 체계와 원리 교육훈련의 목표설정 등에 더 관심을 두었다고 할 수 있다.

무예도보통지 권법

무예도보통지를 저술한 이들은 당대 최고의 무예전문가라고 할 수 있는 이덕무(李德懋) 박제가(朴齊家), 백동수(白東修) 등이었다. 다른 군사서적들이 전략·전술 등 이론을 위주로 한 것임에 비해 이 책은 무예동작 하나하나를 그림과 글로 해설한 실전 훈련서라는 특징을 지닌다. 그러나 동 권법에 대한 기술체계에 대한 원형을 모두 이해하기에 매우 어렵다고 할 수 있다. 무예동작 그림에 해설이 붙어 있기는 하지만 동작이 연결되어 있지 않고 해설 또한 대부분 특정자세에 대한 고유 명칭이 존재하고 있는데 정지된 기초자세로서 다른 동작으로 이어지는 자세를 이해할 수 없기 때문이다. 무예도보통지 권법에 등장하는 34개의 자세명칭(탐마세(探馬勢), 요란주세(拗鸞肘勢), 현각허이세(懸脚虛餌勢), 순란주세(順鸞肘勢), 칠성권세(七星拳勢), 고사평세(高四平勢), 도삽세(倒揷勢), 일삽보세(一霎步勢), 요단편세(拗單鞭勢), 복호세(伏虎勢), 하삽세(下揷勢), 당두포세(當頭砲勢), 기고세(旗鼓勢), 중사평세(中四平勢), 도기룡세(倒騎龍勢), 매복세(埋伏勢), 오화전신세(五花纏身勢), 안시측신세(雁翅側身勢), 과호세(跨虎勢), 구유세(丘劉勢), 금나세(擒拿勢), 포가세(抛架勢), 접주세(拈肘勢), 나찰의출문가자변하세(懶札衣出門架子變下勢), 삽보세(霎步勢), 단편세(單鞭勢), 금계독립세(金雞獨立勢), 지당세(指當勢), 개정법(箇丁法), 수두세(獸頭勢), 신권(神拳), 일조편세(一條鞭勢), 작지용하반퇴법(雀地龍下盤腿法) 조양수편신세(朝陽手偏身勢))이 존재하지만 지금으로서는 대부분 명확하게 해석할 수도 없다.

다만 무예제보와 중국의 무비지 및 기호신서에 나오는 도면 그림과 해설을 참조해 유추할 수 있는데 명칭과 자세가 약간씩 변형되어 확신할 수 없다. 다만 특징적인 것은 무비지에서 권법을 소개하기를 권법은 32세로 구성되어 있고 세마다 이어져서 변화가 무궁하여 미묘함이 헤아릴 수 없으니 깊도다. 어느 경지에 오르지 못하면 아무리 궁리해도 알지 못함으로 신(神)이라 부른다고 소개되어 있다. 무예도보통지 권법은 중국의 무비지권법세를 거의 그대로 도입하면서도 무비지 권법과는 달리 병사들 교육훈련에 필요한 표준형을 제시한 것으로 보인다. 그러나 권법이 지금의 태권도처럼 길게 이어진 품세와 달리 간결하게 구성되었고 간결하게 구분된 권법동

작을 다른 권법동작과 연결되도록 구성해 배우고 또 익히기 쉽고 실전에 응용이 쉽게 체계화된 것으로 보인다.

무예제보번역속집 권법편에 보면 자세명칭이 42개 기본자세가 나오지만, 무예도보통지에는 34개의 기본자세만 나온다. 그리고 무예제보 권세총도를 보면 무예도보통지의 간결한 권법과는 달리 지금의 품세처럼 길게 이어진 권법형으로 이루어져 있다. 그리고 중국의 문헌들을 살펴보면 발차기 수련법만 해도 18가지나 되었다고 기록되어 있으나 무예도보통지 권법에서는 발차기를 거의 볼 수가 없다. 역시 현재나 과거나 발차기는 여전히 고난위 기술이었던 것으로 보인다.

권법을 간결하게 구성한 이유

중국 고서 영파부지(寧波府志)에 이르기를, "소림법(少林法)은 사람을 치고 솟구치며 뛰며 분기하여 뛰어넘는 것을 위주로 하는데, 혹 잃어버리고 소홀히 되었다. 때문에 가끔 사람들이 꾀하는 바가 되었다.
송계법(松溪法)은 적을 방어하는 것을 위주로 하며 곤액(困厄)을 당하지 않으면 술법을 발휘하지 않는다. 발휘하면 마땅히 반드시 쓰러뜨리는바 가히 꾀할 틈을 없게 한다. 사람을 치는 데는 반드시 그 혈로써 하는데, 훈혈(暈血)·아혈(啞血)·사혈(死血)이 있다. 그 혈을 가려서 가볍게 또는 무겁게 치면, 혹 죽기도 하고, 혹은 혼수 상태에 빠지기도 하고, 혹은 언어장애인이 되기도 하는데, 털끝만큼도 차이가 없다. 더욱이 신비한 것은 경(敬)·긴(緊)·경(徑)·근(勤)·절(切)의 다섯 자 비결은 입실(入室) 제자가 아니면 서로 전수하지 않으니, 대개 이 다섯 자는 일반적으로 쓰지 않고, 그 쓰임을 신비하게 하는 바 오히려 병가의 인(仁)·신(信)·지(智)·용(勇)·엄(嚴)과 같다고 할 것이다."라고 쓰여 있다. 당대 조선최고의 무예전문가라고 할 수 있는 이덕무(李德懋) 박제가(朴齊家) 백동수(白東修) 등이 이를 모를 리 없었다고 본다. 이들은 정조대왕의 어명에 의하여 왕명에 의하여 움직일 수 있는 호위청, 이후 정조대왕의 장용영친위군대를 확대 개편했다.

정조는 자라면서 아버지인 사도세자가 뒤주 속에 갇혀 죽는 광경을 목도해야 했고 이후 자신이 권좌에 오르고도 실권을 장악하고 있던 노론에 의하여 자신이 갖고 있던 정책을 마음대로 펼칠 수도 없었으며, 즉위 이후 연달아 일어난 세 번의 암살기도 등에 의하여 신변위협을 크게 느낀 정조대왕은 자신을 호위하던 호위청, 숙위소, 장용위, 장용영 등으로 새로운 금위체제에 따라 조직, 개편하여 노론의 사병이나 다름 없었던 기존 5군영에 대항할 수 있는 왕의 친위부대인 장용영을 확대해 왕권 강화를 시도했다.

당시 호위청은 300여 명 내외로 최소한의 호위무사로 구성된 부대로서 노론이 군대의 전권을 장악한 5군영에 대항하기에는 턱없이 부족할 수밖에 없었다. 그래서 단순히 왕을 호위하는 호위부대를 뛰어넘어 왕권을 강화할 수 있는 군대를 육성해 노론이 장악한 5군영에 대항할 수 있는 친위부대를 목표로 했던 것으로 보인다. 이 같은 임무를 장용영장교 백동수에게 주어졌고, 병사들에게 효율적으로 훈련할 수 있는 수준의 권법을 체계화하는 과정에서 200여 년간 이어져 내려온 호위청의 비술[祕術]인 경호무술이 기초가 되었다고 보인다. 그러나 이들에게 모두 익

히게 하는 데에는 여러 어려움이 있었을 것으로 보인다. 특히 중국에서 전해 내려왔다는 경(敬)·긴(緊)·경(徑)·근(勤)·절(切)의 다섯 자 비결은 입실(入室) 제자가 아니면 서로 전수하지 않은 것처럼 이에 버금가는 조선의 호위청의 비술[祕術]은 국가 기밀사항으로 보안 취급되어 일반노출은 꺼렸을 것으로 보이며, 또한 일반병사들에게 호위청의 비술을 가르친다고 해도 고난도의 수련을 위해서는 장시간의 수련기간과 타고난 신체조건 등이 전제되어야 체득 가능한 매우 어려운 고난도 무예였을 것으로 보인다. 아울러 수련과정 또한 누구나 가르친다고 체득하거나 배울 수도 없었을 것이다.

따라서 시간도 많지 않을뿐더러 고난도의 비술을 체득할 만한 타고난 신체조건(운동신경)의 병사들을 확보하기에도 어려움이 컸을 것으로 보이며, 특히 노론의 사병에 맞설 수 있는 정예 병력을 짧은 시간 안에 양성하기 위해서는 습득하기 쉬운 낮은 수준의 기술체계 수련단계로서 실전력 있는 제압기술 위주로 체계화와 정형화에 힘썼을 것으로 추정된다. 이 같은 사실은 그림과 해설용어 등으로 짐작할 수가 있다.

무예도보통지의 권법에서는 명나라 중엽에 소림권법처럼 솟구치며 뛰며 분기하여 뛰어넘는 동작을 찾아볼 수가 없다. 그리고 무예제보번역속집에 나오는 복잡하고 힘든 자세로 이루어진 권법형도 없으며, 중국문헌에 나오는 18가지 발차기도 거의 발견할 수가 없다. 무예도보통지에 기술된 그림과 해설내용을 참고해 볼 때 짧은 시간으로도 습득할 수 있고 타고난 신체기능(운동신경)이 없어도 충분히 체득할 수 있도록 보통의 낮은 수준의 기술체계가 무예도보통지 권법의 특징이라고 할 수 있다. 그림에 등장하는 시현인물을 보면 체격이 우람한 것을 알 수 있다. 그리고 배가 나오고 많은 동작에서 손동작이 대부분으로 구성되어 있다 이것은 중국의 내권기술 중 상대의 급소공격 위주로 권법체계를 갖춘 것으로 보이고 그림에 등장하는 발차기는 족장밀어차기자세로 발차기 중 가장 손쉬운 동작이면서도 가장 유용한 발차기이다. 직선으로 다가오는 적의공격으로부터 허리 몸통 높이로 발을 낮게 들어 올려 뻗어 차는 동작으로 방어에 쉬운 발차기이면서 적을 창이나 칼, 검 등의 무기로 찌른 후 무기를 신속하게 뺄 때 사용될 수 있는 가장 효과적인 발차기인 셈이다.

그리고 권법동작이 간결해 일격필살로 적을 단번에 제압하고 이에 실패했을 때에는 다른 권법자세를 이어 혼용해 공격하게 한 점은 매우 실용성이 뛰어난 권법이다. 동 권법은 일반병사들을 교육훈련하기에 적절한 체계로서 그 어떤 무예나 권법보다도 과학적으로 연구된 매우 훌륭한 군 권법이라고 말할 수 있다. 만약 이와 같은 권법이 아닌 소림권법과 같이 현란한 권법체계를 그대로 도입되었거나 오늘날의 태권도처럼 복잡한 품세체계와 고난도의 발차기를 갖추고 있었다면 실용적인 군사무예가 되지 못했을 것으로 보인다. 호위청의 호위무사들만이 수련했을 것으로 보이는 비술[祕術]인 경호무술을 병사들에게 가르치려 했다면. 더더욱 문제가 되었을 것으로 보인다.

호위청 경호무술의 단서?

무예도보통지에 기술된 권법은 호위청의 호위무사들이 아니었다면 일반 병사들이 배우고 가르치고 익히기 쉬운 권법체계를 연구하지 못했을 것으로 생각한다. 이 같은 결과는 당시 200년간 지속하여온 호위청의 비술[祕術]인 경호무술이 전해 내려왔기

때문으로 보인다.

무예도보통지를 연구해 경호무술에 적용한 부분은 권법동작의 간결성과 혼용성 부분으로 어떻게 보면 잊혀진 경호무술의 단서를 무예도보통지 권법을 단서로 유추해 역해석할 수 있었다고 본다. 호위청에서 수련했을 비술[祕術]인 경호무술이 호위무사였던 백동수 등에 의하여 무예도보통지에 그 단서를 남겼고 본인에 의하여 발견되어 경호무술을 완성하는 데 큰 도움이 되었다고 할 수 있다.

무예도보통지에 기록된 권법 동작의 간결성과 혼용성을 단서로 맨손동작에 칼, 검, 곤무기의 혼용과 응용으로 경호무술에 적용해 체계화했다. 물론 무예도보통지 권법과는 달리 소림권법처럼 솟구치며 뛰며 분기하여 뛰어넘는 고난도 동작 등도 조선 특유의 독창적인 체계로 호위청의 호위무사들에게 비술[祕術]로 수련되고 전승됐다고 보이며, 이 같은 고난도의 기술도 유추해 적용했다. 무예도보통지 권법체계는 기초기술로서 비술[祕術]의 단서라고 생각한다. 이를 뒷받침할 수 있는 것이 1610년 광해군 2년에 훈련도감 최기남에 의하여 편찬된 무예제보번역속집에 더 확실하게 나타난다. 무예제보번역속집은 중국의 기효신서의 권보50과 새보전서의 송태조 권법 32를 보충하여 새롭게 권보 42로 체계화한 것은 조선 특유의 무예로 발전되어 있었음을 알 수 있다. 이 같은 단서로 기술체계를 재현해 변화된 현대적 환경에 맞도록 새롭게 창안하여 이미 없어지고 잊혀진 우리 민족 전통무예를 계승발전시키고 조선시대에 존재해 왔던 호위청의 호위무사들이 익혔을 비술[祕術]을 100여 년이 지난 지금 호위청의 경호무술을 유추 재현해 오늘날의 현대적 창시 경호무술을 완성하게 되었다.

5. 경호무술 창시 20년사

1986 4.   708특공대(경호부대) 군 복무 중 86서울아시안게임과 88서울올림픽게임 경호작전임무
            계기로 창시자장명진선생에 의하여 독자적으로 경호무술연구 시작

1992 2.16 경호무술작명(경호직무수행에 필요한 지식과 기술)교안 완성
      2.16 국제경호협회 설립(고유번호 : 204-82-69117)
      3.21 국제경호아카데미 설립(사업등록번호 : 216-95-04418 현유지)
      5.20 국제경호협회 경호무술 인증기관 지정(지부인증 지정)
      8.20 중랑경찰서 신내파출서 형사 및 경찰 경호, 경호무술 사용자제 요청

1993 4.18 학원설치운영에 관한 법률에 경호교육(경호무술)을 포함하는 개정안 교육부에 건의
      12. 1 교육부 대학행정지원과 경호교육(경호무술교과) 자문 지원
      12. 4 경호실무 연구 보완

1994 4.15 국제경호시스템(경호전문회사-주식회사 탐경 법인전환)설립
      4.20 국제경호협회 중랑지부 설립(지부장 변만균)
      9.29 국제경호협회 서울특별시 사회단체 신고(신고번호 : 제504호)
      10.10 서울지방경찰청 수사과 창시자 연행 대통령경호실법 관명사칭위반
            (제5조 경호시: 경호관을 경호원이라 칭한다)조사
      10.24 경호무술세미나 1회 개최(무술체육관 관장, 사범대상 24명)
      11. 4 출판사 등록(등록번호 : 제18-49호. 국제경호출판사)
      11.15 경호실무(경호무술 교과 포함)출판(등록 : 제18-49호, 저작권등록번호 : 제C-2005-000737호)
      11.17 경호호신법을 경호운전술법,경호사격술법,경호무술로 재 정립
      11.18 실무자 경호무술교수법 연수 개최(국제경호협회본부장, 예비지부장대상)
      11.20 국제경호아카데미 경호원중급, 고급 양성과정 경호무술 인증

1995 2.18 국제경호협회 노원지부 설립(지부장 강영재)
      2.25 1995년 상반기 경호무술지도자 교육수료(12명)
      2.26 국제경호협회 강원본부 설립(본부장 이승일)
      3. 7 무술협회, 체육대학에 경호실무책 400여 권 증정
      4. 1 국제경호협회 마포지부 설립(지부장 장용진)
      4. 4 국제경호협회 충주지부 설립(지부장 이근학)
      4.15 월간신동아 5월호 경호무술 기사게재
      4.29 국제경호협회 동해지부 설립(지부장 김동준)
      5.17 전국치안봉사활동 사업시행(200명 참가)

5.20 국제경호협회 용인지부 설립(지부장 박장기)

6. 1 국제경호협회 장흥지부 설립(지부장 박대순)

7.24 국제경호협회 인천지부 설립(지부장 안창영)

7.29 국제경호협회 강릉지부 설립(지부장 함동천)

9. 2 국제경호협회 횡성지부 설립(지부장 신대선)

9.30 교육부 대학 행정지원과 경호 및 경호무술학과 설립인가 자문지원

10.12 학원폭력예방운동 봉사 참여(학원폭력예방재단)

11. 4 청원경찰 보수교육 강사지원 사업시행(6명)

12. 5 학교폭력퇴치법 경호무술 시범 스포츠서울 7일자 신문기사 게재

1996 1.15 국제경호아카데미 주최 학교폭력추방 호신술대회(4일간)-월드태권도기사게재

2.14 백혈병어린이돕기 헌혈운동 참여(헌혈증서 250장 적십자사 기증)

2.20 국제경호협회 아산지부 설립(지부장 차민철)

3. 4 경호무술세미나 2회 개최(국제경호협회본부장, 지부장대상)

3.20 국제경호협회 구리지부 설립(지부장 김광기)

4.15 국제경호협회 강남본부 설립(본부장 석기영)

4.16 여성경호원 경호무술시범-월간 연합 5월호 기사게재

4.20 학원폭력상담실 사업운영 시행(콜센터 전국 23개 지부 참여)

6.17 주식회사 탐경 법인설립(국제경호시스템을 법인으로 전환 및 사명 변경)

6.24 서울경찰청 경호서비스 제73호 허가 최초

7. 8 국제경호협회 업무표장 등록(출원번호 제94-000055호)

7.22 국제경호협회 부산남구지부 설립(지부장 김창남)

8. 9 경호무술세미나(8.9~8.17 일본 고송싼타빌)무술신문 26일자 보도게재

9. 4 학원폭력 예방을 위한 경호무술지도(한국학원폭력예방운동재단)

9. 6 국제경호협회 전주지부 설립(지부장 봉필환)

9.15 경찰청 경호무술 지도(경찰청 직원, 청원경찰 등)

9.15 쌍용그룹 경호원 경호무술지도(마포구 쌍용연수원)

9.23 국제경호협회 인터넷 홈페이지 경호무술교실 개설(동 산업계 최초 ibga.co.kr)

10. 2 한국 특급호텔 안전관리실장협의회 교류 협정(12개 호텔)

11. 5 경호실무(경호무술) 개정 출판(등록 : 제10-1307호)

11.23 국제경호협회 강북본부 설립(본부장 손상철)

12.10 대학교 및 무술협회, 정부관계기관에 경호실무책 400여 권 기증

1997 1.15 국제경호협회 서비스표등록(출원번호 제94-008342호)

3. 6 충청대학교, 서일대학교육원, 한서대학교 교육원(경호학과) 등 경호무술 인증기관
      지정

4.23 KBS아카데미 경호원 양성과정 경호무술 인증기관 지정

6.20 경호원교육훈련 경호무술시범-범죄예방신문 기사게재

7. 1 국제경호아카데미 경호원 초급(3급) 양성과정 경호무술 인증

8.20   서울지방경찰청 수사과 창시자연행 대통령경호실법 위반 종로경찰서 수감 무혐의처리
       (위반 내용 관명사칭 죄 대통령경호실법 제5조 경호사 경호관을 경호원이라 칭한다.)

9.18   중화인민공화국 연길시공안국 보안전문대학 교육훈련 교류협정

11.14 경호학과 및 체육학과 경호실무책 500여 권 기증

1998 3. 1 비영리 경호무술단체발족(가칭 장명진경호무술)

      3.13 경호무술아카데미(현, 장명진경호무술지도자연수원) 개설

      4. 1 국제경호협회 경호자격제도(경호원, 경호사) 교과 및 자격검정시 경호무술을 전공무술 규정

      4. 7 매일경제 Hello Job 취업정보 및 교육훈련 교류협정

      6.26 자격증박람회 참가(테크노마트)

      9.18 사단법인 한국직능단체총연합회 가입(직능경제인지원에관한법률 법정법인 경제단체)

      10.18 경호무술-주간조선 11.5 일자 주간지 기사게재

      11.20 대한민국인명록 장명진 창시자 등재(경호무술 창시자 소개-각종 포털사이트 인물검색 제공)

      12.15 경호학과 및 체육학과, 무술협회, 경찰, 교도대, 군부대 경호실무책 400여 권 기증

1999 3.20 경호실무(경호무술) 개정 출판(등록 : 제10-1307호)

      7.16 종근당 경호원 위탁 경호무술지도(국제경호아카데미)

      7.20 경호무술 자격평가제도 신설

      7.20 경호무술 승단규정제도 신설

      8. 4 아르헨티나 국제시큐리티 세계본부 교류협력 협정

      9. 7 국제직업기술교육박람회 참가(무역센터)

      12. 3 (주)탐경 경비업법에의거 경비원신임교육위탁기관지정 경호무술교과 인증지정

2000 3. 2 경호무술단증 발급 시작(자격평가제도 실시)

      4. 6 장명진창시자 청와대 초청 방문(김대중 대통령 접견)

      5.10 경호무술지도자 자격 발급시작(자격평가제도 실시)

      7.12 선문대학교 국제경호무도학부 학생 경호무술 위탁교육실시(장명진경호무술원)

      10.01 국제경호협회 경호직무전공학과 대상 인증교육기관지정제도 시행을 위한 경호무술 교과 승인협약
       (2009년 현재 전국 41개 대학.경호직무전공학과에 경호무술 전공교과 인정 승인-승단&지도자자격)

      12. 3 경찰, 군부대, 경호학과 등 경호실무책 500권 기증

2001 1. 9 경호원 경호무술 시범단 시범-유행통신 2001. 2월호 보도게재

      4. 3 전국 30개 대학(교)(경호학과)에 경호실무 책 100권 기증

5.17 전국 6개 대학교 사회교육원(경호학과)경호실무 책 20권 기증

6.20 경호실무(경호무술) 개정 출판(ISBN : 89-8337-096-3)

7.14 선문대학교 국제경호무도학부 경호무술교과 채택(국제경호협회 인증교육기관 지정)

7.14 경북전문대학 경찰경호행정과 경호무술교과 채택(국제경호협회 인증교육기관 지정)

9.14 서남대학교 경호학과 경호무술교과 채택(국제경호협회 인증교육기관 지정)

9.20 경북외국어테크노대학 경호레포츠계열 경호무술교과 채택(국제경호협회 인증교육기관 지정)

10.06 인터넷 사이버강의 경호무술 유료 교육서비스 제공(ibga.co.kr)

10.23 서라벌대학 경호레프츠과 경호무술교과 채택(국제경호협회 인증교육기관 지정)

10.23 대구미래대학 경찰행정과 경호무술교과 채택(국제경호협회 인증교육기관 지정)

10.23 대구과학대학 경호과 경호무술교과 채택(국제경호협회 인증교육기관 지정)

10.26 부산정보대학 안전관리과 경호무술교과 채택(국제경호협회 인증교육기관 지정)

12.11 서해대학 경찰경호행정과 경호무술교과 채택(국제경호협회 인증교육기관 지정)

2002 1. 2 경호원이 수련하는 경호무술 시범 – 에꼴 월간지 1월호 기사게재

2. 1 초당대학교 경호비서학과 경호무술교과 채택(국제경호협회 인증교육기관 지정)

3.18 경북과학대학 경호경비경영학 경호무술교과 채택(국제경호협회 인증교육기관 지정)

4. 3 서해대학 경호무술 유단자 특례입학 산학협약 체결(본 사무국)

4. 6 2002한일월드컵 코리아서포터즈 공식후원단체 지정

4.15 국가정보원 직원 대상으로 경호무술 시범(경호무술원)

5.16 진주대학 사회체육경호안전과 경호무술교과 채택(국제경호협회 인증교육기관 지정)

6.26 성덕대학 경찰경호행정과 경호무술교과 채택(국제경호협회 인증교육기관 지정)

7.12 국제경호협회 정기학술세미나 참가 (서울리베라호텔 제우스홀)

7.12 제1회 경호무술세미나(리베라호텔) 개최(전국 경호, 경찰전공 교수 및 무예원로)

7.23 경동정보대학 경호과 경호무술 채택(국제경호협회 인증교육기관 지정)

8.23 영동대학교 경찰경호무도학과 경호무술 채택(국제경호협회 인증교육기관 지정)

8.31 제주관광대학 산학협약 체결(본 사무국)

9. 6 한세대학교 경찰행정학과 경호무술 채택(국제경호협회 인증교육기관 지정)

9. 6 제주관광대학 관광스포츠계열 경호무술 채택(국제경호협회 인증교육기관 지정)

10. 1 제5회 충주세계무술축제 경호무술 홍보 참가

10.10 아시아나항공 경호무술 책 기증

10.16 장명진경호무술 인터넷 홈페이지 회원 온라인 경호무술교실 개설

11.18 혜천대학 산학협약 체결(본 사무국)

11.28 혜천대학 경찰경호과 경호무술 채택(국제경호협회 인증교육기관 지정)

12.31 경호무술창시자 장명진회장님 공적 대통령표창 수상

2003 1. 7 대구미래대학 경찰행정과 경호무술 채택(국제경호협회 인증교육기관 지정)

2.15 경호실무(경호무술개정) 개정 출판(ISBN : 89-8337-096-3)

3. 7 관악구청 청소년대상 경호무술세미나 개최

4.30 동강대학 법률경찰경호계열 경호무술 채택(국제경호협회 인증교육기관 지정)

5. 3 경호무술세미나 개최(무술지도자 8명)

6.25 6·25전쟁기념식 용산전쟁기념관 경호무술 시범

7.14 SBS위기탈출 수호천사 경호무술편 특별출연 방영(시범단 시범 및 지도)

8. 5 경호무술창시자 경호무술시범-세계일보 기사게재

8.10 경호무술 단행본 출판(ISBN : 89-954410-0-3, 저작권등록번호 : 제C-2005-000737-2호)

8.12 경호학과, 체육학과, 경찰, 경호경비회사 경호무술책, 경호실무책 400권 기증

8.30 제2회 국제경호협회 정기학술세미나(학술진흥재단 학술기관코드 : 8B2497) 경호무술 주제발표(서울리베라호텔 15층 피어니스홀)

9.11 ITV 충전100 건강을 잡아라! 경호무술 편 특별출연 방영(시범단 시범 및 지도)

9.18 부산방송국 직업의 세계 특별출연 경호무술 소개

9.21 경문대학 경호무술 인증기관 지정(단증 발급)

9.22 상반기, 하반기 2회 경호무술세미나 개최(무술관장 및 경호학과 교수대상)

9.24 삼성그룹 경호팀 경호무술 교육 (용인 금호연수원 1주일 집체교육 200명)

10. 1 취업교육 및 자격증 정보박람회 참가(코엑스)

10. 6 한·미 친선 사절단 미국 파견(한미동맹 50주년 참가)

10. 6 국립민속박물관 전통무예현황조사 경호무술 장명진 창시자 등재

10.11 통합 웹데이터베이스 NHN 업무협정(포털전문자료 경호무술공개제공)

11. 3 성화대학 비서경호과 경호무술 채택(국제경호협회 인증교육기관 지정)

12.30 대경대학 경찰행정부 경호무술 채택(국제경호협회 인증교육기관 지정)

2004 2. 7 경호실무(경호무술) 개정 출판(ISBN : 89-85272-95-0)

5.20 군장대학 경찰경호과 경호무술 채택(국제경호협회 인증교육기관 지정)

5.27 동의공업대학 경찰경호과 경호무술 채택(국제경호협회 인증교육기관 지정)

6.25 전북과학대학 경찰경호행정과 경호무술 채택(국제경호협회 인증교육기관 지정)

8.14 경호자격규정집(경호무술검정) 출판(ISBN : 89-954410-2-X, 저작권등록번호 : 제C-2005-000739호)

8.25 진주국제대학교 경찰복지행정학부 경호무술 채택(국제경호협회 인증교육기관 지정)

8.28 제3회 국제경호협회 정기학술세미나(학술기관코드 : 8B2497) 경호무술 2편 주제발표(프리마호텔 2층 에메랄드홀)

8.23 진주국제대학교 산학협약 체결

10. 1 제7회 충주세계무술축제 경호무술홍보 참가

10. 5 경호무술 2004 개정판(1704p) 출판(ISBN : 89-954410-1-1, 저작권등록번호 : 제C-2005-000738-2호)

10. 5 청주전국체전 경호무술홍보 참가

10.27 대전엑스포 세계태권도대회 경호무술홍보 참가

경호무술

11. 5 전통무예세미나 '한국무예의 역사성과 인접학문' 참가(국립민속박물관 대강당)

11.24 전국대학교 대학도서관, 경호관련학과 및 교수 경호무술책 800여 권 증정

12. 6 육군 특수전사령부 경호무술책 증정(교육실장) 및 경호무술 채택 협의

12.17 경북과학대학 산학협약 체결

2005 1. 3 동부산대학 경호과 경호무술 채택(국제경호협회 인증교육기관 지정)

1.13 대통령경호실 경호무술 책 증정

2.11 KBS 세상의 아침 경호무술 시범단 시범 방영

2.17 두산동아백과사전 경호무술창시자 장명진, 정의, 기원, 어원등재

4.19 경동대학교 경호경찰학부 경호무술 채택(국제경호협회 인증교육기관 지정)

4.25 MBC 네 꿈을 펼쳐라 경호원양성과정 경호무술 교육훈련 지도 및 방영(5회 5주)

4.25 경호원자격검정 문제집(경호무술출제) 출판(ISBN : 89-954410-4-6, 저작권등록번호 : 제IC-2006-003544호)

8.15 경호직무능력표준(경호무술표준안) 출판(ISBN : 89-954410-6-2, 저작권등록번호 : 제IC-2006-003543호)

8.27 제4회 국제경호협회 정기학술세미나(리베라호텔 15층 피어니스홀) 경호무술주제발표

9.20 창신대학 경찰행정과 경호무술 채택(국제경호협회 인증교육기관 지정)

9.30 신성대학 경호무술전공 경호무술 채택(국제경호협회 인증교육기관 지정)

10. 1 제8회 충주세계무술축제 홍보 참가

10. 7 MBC 내 친구들의 세상 제402회 경호무술편 방영(경호무술 어린이 시범단 시범)

10.25 경일대학교 경찰경호학부 경호무술 채택(국제경호협회 인증교육기관 지정)

11.21 전국 도서관 및 청소년 문화시설 경호무술 책 500여 권 증정

11.24 EBS 직업탐구(경호원)자문 및 자료제공

11.27 KBS추적60분 자료제공 및 인터뷰

12. 1 대구산업정보대학 경찰행정과 경호무술 채택(국제경호협회 인증교육기관 지정)

12. 3 전국 경찰행정학생연합회 무술대회 후원

12. 3 국무총리실 국가재난관리본부 창시자 장명진회장님 자문위원 위촉

12. 7 대구산업정보대학 산학협약 체결

2006 2. 1 파스칼세계대백과사전 경호무술 및 창시자 장명진, 정의, 기원, 어원 등재

3.13 초당대학교 창시자 초청 경호무술 강의

4. 1 서강전문학교 경찰경호과 경호무술교과 채택(국제경호협회 인증교육기관 지정)

4.12 브리태니커백과사전 창시자 저술 경호무술 인용 경호무술 등재

4.27 우석대학교 경찰행정학과 경호무술 채택(국제경호협회 인증교육기관 지정)

5.17 대구미래대학 경호무술 교육

5.26 안동과학대학 경호경찰과 경호무술 채택(국제경호협회 인증교육기관 지정)

6. 2 (주)내일신문-대학내일 직업연구(경호원) 기사자료자문 및 자료 제공

7.13 전문직업탐구/소개(경호원)-수원지역 청소년문화의집

8.19 제5회 국제경호협회 정기학술세미나 (프리마호텔 10층 스카이홀)

8. 9 전문직업탐구/소개(경호원)-안성지역 고등학교

9. 1 서라벌대학 경찰복지행정과 경호무술교과 채택(국제경호협회 인증교육기관 지정)

11. 1 경호무술창시자 언론사 소개 및 시범-동아일보 월간신동아 기사게제

11. 2 대학특강-경호산업의 전망과 비젼특강/초당대학교

11. 7 국제방송 아리랑TV 경호원 직업소개 자문 및 자료제공, 인터뷰 협조
      -한국고용직업분류 경호원 조사 원고 제공(한국산업인력공단)
      -한국고용직업분류 경호원(분류코드 : 4440-2)재정 전문 등재
      -한국표준직업분류 경호원 분류코드 포함하여 개정

11.13 문경대학 경찰경호무도과 경호무술 채택(국제경호협회 인증교육기관 지정)

11.24 한국고용정보원 경호원 조사(직업사전, 전망) 원고 제공(등재)

2007 1. 1 주요포털사이트제공(다음백과, 네이버백과, 야후백과, 엠파스백과, 네이트백과,
           파란백과, 싸이월드백과 등) 백과사전에 경호무술 및 창시자 장명진 선생, 정의,
           기원, 어원, 특징 등재

2. 6 국군기무사령부 868분견대 경호무술 책 기증 및 지도

2.12 국군정보사령부 경호무술 책 180권 기증 및 지도

2.27 경호무술창시자 장명진회장님 경호무술 공적 국무총리표창 수상

3.22 경호전문가(경호원)직무체계 시안 개발 참여

10.10 제10회 충주세계무술축제 홍보 참가

11.23 노동부 직업정보-직업탐색(워크넷) 경호원인터뷰 원고제공

11.27 국방부지원(국방취업센타)직무체계 시안 개발-공통능력 자격제도 4개 종목 개발

12. 2 경호자격규정집 연구출판 신설자격제도(23종) 경호무술 교과 및 검정체계 개발 참여

2008 1.14 무술협회 경호무술 책 300권 기증

3.12 한국고용정보원 직업전망 경호원 조사사업 원고 제공

4.28 위키 백과사전 경호무술 및 창시자 장명진, 정의, 기원, 어원, 특징 등재

5.13 육군수도방위사령부 경호무술시범 참관 교류-프라임경제 2008.5.13 보도

5.28 위키인물백과사전 장명진 창시자 소개(경호무술창시자소개-각종 포털사이트 인물백과 제공)

6.14 국무총리실 경호팀 경호무술 책 기증

6.23 현대그룹 경호팀 경호무술 교육(현대화재 본사 11층 대강당, 50명)

7.10 한국무예포럼 가입

7.21 위키 낱말사전 경호무술 낱말(정의, 어원), 로마자, 예일, 라이샤워 표기 등재

7.28 국제경호협회 자격기본법에의거 경호자격제도 국무총리실 산하 직업능력개발원 공식 등
      록(경호무술 검정체계)

8. 4 제1회 한국무예포럼 토론 참여(경호무술 책 50권 무료증정) 국회 헌정회관

8.11 사단법인 한국경호무술진흥회로 명칭 변경 및 비영리사단법인으로 전환

8.11 서울특별시 사단법인 설립허가(허가번호 : 제200812호)

8.20 이시종국회의원 주최 무예올림픽추진세미나 참여(국회의원회관-경호무술책 100권 무료증정)

8.29 무인 및 학계전문가 경호무술 책 500여 권 무료증정

9. 4 제2회 한국무예포럼 토론참가(경호무술책 50권 무료증정) 송파구민 회관

9.20 진흥회 경호무술창시자에게 있는 경호무술 권리를 공식적으로 위임받음(약정계약서-등부 제1546호)

10. 2 제11회 충주세계무술축제 경호무술 홍보참가(충주시)

10. 4 2008 충주세계무술축제 학술세미나 참가(경호무술책 50권 증정) 충주시청 대강당

10.25 제3회 한국무예포럼 창시자 경호무술주제발표(경호무술책 50권 증정) 송파구민회관

11. 2 2008전국경호무술세미나 4회 개최(전국지원장, 무술지도자 대상)

11.11 브라질 해외대표부 승인(브라질 대표부장 NUNES LUIZ CEZAR)

11.11 아르헨티나 해외대표부 승인(아르헨티나 대표부장 TAJES FRANCISCO OSCAR)
       아르헨티나 북부지부 승인(북부지부장 HEEINZ JORGE ANIBAL)

11.13 러시아국영방송국 경호무술창시자 다큐멘터리제작 취재협조(러시아 전역에 방영)

11.16 문화체육관광부 초청 간담회참가 무예진흥법 시행안 토의(문광부 소회의실)

11.27 국방부초청 간담회 참가(경호무술지도자 양성 및 경호무술원 창업) 전쟁기념관

11.28 문화체육관광부 초청 간담회참가 무예진흥법 시행안 토의(문광부 대회의실)

12. 1 소년소녀 가장 경호무술무료교육 캠페인(전국지원 참여)

12. 1 영남이공대학 경찰경호행정과 경호무술 채택(국제경호협회 인증교육기관 지정)

12. 2 2008년 전국경호무술세미나 개최 중랑우체국 대강당(40명)

12. 4 전국 93개 인증교육기관 및 해외 2개국 국내 및 국제조직화 확대

12.18 초당대학교 산학협약 체결(진흥회 사무국)

12.30 공익성 지정기부금단체(기획재정부공고 제2008-157호)지정-(한국경호무술진흥회)

2009 1. 3 2009년 상반기 경호무술지도자 과정 연수교육실시(2009.1.3~2009.5.30)

      2.15 SBS 좋은아침플러스원 방송프로 경호무술 편 창시자 및 시범단 시범 방영

      3.20 MBC 스포츠매거진 스포츠팡팡 경호무술 편 창시자 지도 및 시범단 시범 방영

      4.29 국방부 전역(예정)간부 취업박람회(서울컨벤션) 참가 경호무술창업소개

      5. 4 2009년 국방부주최 취업박람회(서울컨벤션) 참가 경호무술창업소개

      5.23 2009년 상반기 경호무술지도자 과정 연수교육 수료(18명)

      6.15 태권도진흥재단 경호무술자료 태권도공원 전시용 기증(31종 110개)

      7. 1 전통무예원류적통자 모임 결성(진흥회 사무소)

      7. 3 육군57기동대대 창시자 초청 경호무술 강의(시범 및 지도)

      7. 5 인천광역시 청소년직업체험센터 경호무술 강의(시범 및 지도)

      7.18 2009년 하반기 경호무술지도자 과정 연수교육 실시(2009.7.18~2009.12.5)

      8. 1 전통무예단체조직정비방안 세미나 참가(토론 및 경호무술책 50권 무료증정)

6. 경호무술 호위나선법, 나련법, 사격술법

경호무술 6
호위낙선법 대련법 사격술법

경호무술

9.14 국회 문화체육관광방송통신위원회 정병국위원장 외 소속의원 12명 개정법안(전통
　　무예원류적통자 지정제도 신설) 제정요청 방문
10. 2 경호무술지도자 보수교육실시(중앙연수원)
10. 4 한국산업교육원 경호무술 강의지원
10.12 전통무예원류적통자 무진법 기본계획 건의안 문화체육관광부 방문 제출
10.24 한국체육과학원 방문 무진법 담당 연구원 성문정박사 전통무예원류적통자 정책
　　건의사항 전달
10.24 서울 송곡정보산업고등학교 대강당 20명 경호무술시범공연
10.29 국회 방문 한나라당 문화예술특위 정두언위원장 김수철 특보 무진법 전통무예원
　　류적통자 지정 제 신설 개정법률안 국회통과 협조요청
11. 1 부산광역시 기장지회 승인(지회장 장웅진)
11. 6 경호무술지도자 보수교육실시(중앙연수원)
11.24 교육부, 고용노동부가 주최하고 고용정보원이 주관하는 취업진로박람회 참가 및
　　경호무술시범공연(3일간)
12. 4 경호무술지도자 보수교육실시(중앙연수원)
12.29 문화체육관광부 주최 전통무예진흥법 기본계획수립 토론회 참가(올림픽파크텔)

2011 1. 8 경호무술세미나 개최(전국지원장 대상 무진법 기본계획 설명회)
　　1. 8 경호무술지도자 보수교육실시(중앙연수원)
　　1.12 MBC 표준 FM(95.9MHz) "아이러브스포츠" 경호무술 소개
　　1.15 경호실무 1권～3권(1167page) 출판(개정7권)-한국학술정보(주)
　　2.12 경호무술지도자 보수교육실시(중앙연수원)
　　3. 5 경호무술지도자 보수교육실시(중앙연수원)
　　3.11 전통무예원류적통자 무진법개정안(전통무예원류적통자 지정제 신설) 국회통화
　　　　요청서 전달(국회문화체육관광방송통신위원회 간사 김재윤 의원, 위원 전성호 의원)
　　3.23 전통무예원류적통자 무진법 정부담당 실무자 미팅(정책건의서 전달-문화체육관
　　　　광부 체육진흥과)
　　4. 2 경호무술지도자 보수교육실시(중앙연수원)
　　4.13 국방부 2011 전역(예정)간부 취업박람회 참가(서울무역센터)
　　7.15 경호무술 1권～9권 출판(개정7권)-한국학술정보(주)

6. 창시자 연구 활동

저술

1986 4.16 경호무술, 경호실무 연구시작

1992 2.16 경호무술, 경호실무 교안 완성

1994 11.17 경호실무(경호학) 저술(국제경호아카데미출판사, 328page)

1996 11. 5 경호실무 저술 개정2권(법연출판사, 493page)

1999 3.20 경호실무 저술 개정3권(법연출판사, 537page)

2001 2.20 경호실무 저술 개정4권(법연출판사, 625page)

2003 2.15 경호실무 저술 개정5권(법연출판사, 741page)

2003 9.13 경호무술(단행본)저술 (국제경호아카데미출판사, 505page)

2004 2. 7 경호실무 저술 개정6권(청호출판사, 749page)

2004 8.18 경호자격제도규정집 저술(국제경호아카데미출판사, 273page)

2004 10. 5 경호무술 저술 개정2권(국제경호아카데미출판사, 1704page)

2005 4.25 경호원자격검정 문제집 저술(국제경호아카데미출판사, 180page)

2005 8.26 경호직무능력표준 저술(국제경호아카데미출판사, 483page)

2011 1.15 경호실무 저술 개정7권(한국학술정보(주), 1권~3권, 1167page)

2011 7.15 경호무술 저술 개정3권(한국학술정보(주), 1권~9권, 2800page)

연구논문

1996 경호산업에 대한 실태 조사-동국대학교 행정대학원

1997 경호산업의 문제분석과 육성책-한국안전교육학회

2001 경비업법에 포함하는 민간경호원 자격증 도입활용 방안연구-국제경호협회학회

2003 경호직무분야의 전문화를 위한 자격제도와 그 방안에 따른 국제경호협회 경호 자격제
      도의 분석 및 국가공인 도입의 필요성-국제경호협회학회

2003 치안환경에서 요구되는 격기무술과 현대적 무술발달 과정의 생활 경호무술연구-국제
      경호협회학회

2004 경호자격 국가공인 및 관련내용에 대한 정부지원 국제경호협회 중심으로 연구-국제경
      호협회학회

2005 경호직무능력표준에 관한연구 및 활용방안-국제경호협회학회

2006 경호산업을 위한 정부지원정책 및 효과연구 경호자격제도를 중심으로-국제경호협회
      학회

2008 경호무술 전통무예진흥법에 의한 지정-한국무예포럼

2008 경호무술세미나집-한국경호무술진흥회

7. 창시자 설립단체 및 과정

1992 2.16 국제경호협회 설립

(경호원들의 친목 및 권익을 위한)

1992 3.21 국제경호아카데미 설립

(경호무술교육서비스, 경호교육서비스, 경호서비스를 위한)

1994 4.15 국제경호시스템 신설

(경호서비스만을 전문으로 하기 위하여 국제경호아카데미로부터 분사)

1996 6.27 주식회사 탐경

(국제경호시스템을 상호변경 및 법인전환-신변보호법률 제정에 의한 허가제도 시행에 따라)

1998 3. 1 장명진경호무술 신설

(비영리단체설립-자격검증 및 인증제도 시행을 위한)

1998 3.13 장명진경호무술원 신설

(국제경호아카데미 상표신설-경호무술프랜차이즈사업 시행을 준비)

2002 9.   시큐리티잡114 설립

(주식회사 탐경에서 온라인 사업부 분사)

2008 8. 11 사단법인 한국경호무술진흥회 설립

(장명진경호무술을 명칭변경과 법인전환-대외 위상 제고)

8. 창시자 유관기관 활동

1996	사단법인한국경비협회 신변보호분과	운영위원
1996	한서대학교 사회교육원 비서경호학과	강사(경호무술/경호실무)
1996	사단법인한국경호경비학회	운영위원
1996	중국연길시 공안국 보안전문대학	명예교수
1996	한국시큐리티산업경영학회	운영위원
1997	KBS아카데미	강사(경호무술/경호실무)
1997	서일대학교 사회교육원 경호학과	강사(경호무술/경호실무)
1997	사단법인한국경비학회	부회장
1997	사단법인철인3종경기본부	이사
1998	사단법인한국직능단체총연합회	상임부회장
1998	월간보디가드	편집위원
1999	한국안전교육학회	이사
1999	선문대학교 무도학과	외래교수(경호무술/경호실무)
1999	충청대학 태권도학과	강사(경호무술/경호실무)
2000	고려대학교 사범대학원(석사과정)	강사(경호무술)
2000	대구미래대학 경찰행정과	강사(경호무술/경호실무)
2001	제10기 민주평화통일자문위원회	자문위원
2002	UN평화지도자연합회	이사
2003	국립경찰대학 수사보안연수소	외래강사(경호무술/경호전략)
2008	경찰청수사연수원	강사(경호무술)
2004	한국협상학회	회원
2005	국무총리실 국가재난관리본부	자문위원
2006	초당대학교 경호비서학과	겸임교수(경호무술/경호실무)
2008	한국무예포럼	회원
2009	전통무예원류적통자모임	간사
2009	한국표준협회	자문위원
2010	한국산업교육원	강사

9. 경호무술과 창시자 백과사전 등재문

2005 2.17 두산대백과사전(엔사이버) 창시자와 경호무술 사전 등재

2005 4. 2 네이버 백과사전 창시자와 경호무술 사전 등재

2006 2. 1 파스칼 세계대백과사전 창시자와 경호무술 사전 등재

2006 2.12 야후 백과사전 창시자와 경호무술 사전 등재

2006 3. 3 파란 백과사전 창시자와 경호무술 사전 등재

2006 4.12 브리태니커 백과사전 경호무술 사전 등재(창시자 저술 경호무술책전문 인용)

2006 5. 6 다음 백과사전 창시자와 경호무술 사전 등재

2008 4.28 위키 백과사전 창시자와 경호무술 사전 등재

2008 5. 3 네이트 백과사전 창시자와 경호무술 사전 등재

2008 5.28 위키 인물백과사전 창시자 사전 등재

2008 7.21 위키 백과사전 낱말사전 경호무술 등재

2009 11.11 네이버, 네이트에서 한국경호무술진흥회 키워드 바로가기 등재

2010 9. 7 위키 백과사전 전통무예원류적통자명칭 사전 등재

10. 창시자 인터넷 홈페이지 구축

1996   6. 7 국제경호아카데미(홈페이지 http://www.ibga.co.kr)

1998   2.10 주식회사 탐경(홈페이지 http://www.tamkyung.co.kr)

2002   7.10 장명진경호무술원(홈페이지 http://www.jmjmoosul.co.kr)

2002   10. 1 시큐리티잡114(홈페이지 htpp://www.securityjob114.co.kr)

2008   8.30 사단법인 한국경호무술진흥회로 변경(홈페이지 http://www.jmjmoosul.co.kr)

※ 개설된 홈페이지 현 운영 중

호위낙선법

1 호위 낙선법 체계(體系)

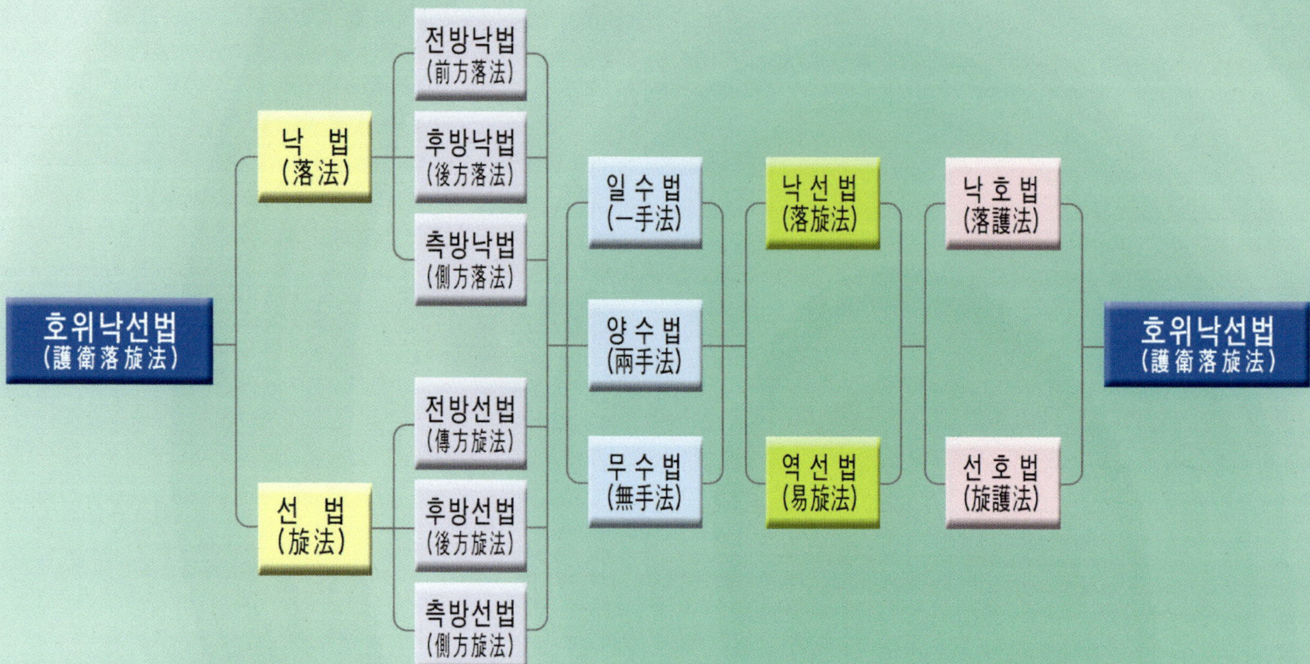

<< 호위낙선법의 종류 >>

1. 전방낙법(점프)
2. 후방낙법(점프)
3. 측방낙법(점프)
4. 전방양수낙선법(점프)
5. 전방양수낙선측법(점프)
6. 전방일수낙선법(점프)
7. 전방일수낙선측법(점프)
8. 후방양수선법
9. 후방일수선법
10. 무수선법
11. 전방낙호법
12. 후방낙호법
13. 측방낙호법
14. 전방선호법
15. 후방선호법
16. 측방선호법
17. 전방호위낙선법
18. 후방호위낙선법
19. 측방호위낙선법
20. 호위무수선법
21. 응용낙선법

<< 호위낙선법 >>

자신이나 경호대상이 외부의 충격이나 충격 직전의 상황에서 안전하게 지면에 착지 또는 유도하거나 신속히 일어나 안전한 장소까지 이탈하여 신체 및 생명을 보호하는 기술로 체계화된 것을 호위낙선법이라고 한다.

호위낙선법 수련단계　　T R A I N I N G S T E P

- 낙 법
  - 기본낙법
    - 전방낙법
    - 후방낙법
    - 측방낙법
    - 전방무성낙법
  - 점프낙법
    - 전방낙법 — 일족법, 양족법
    - 후방낙법 — 일족법, 양족법
    - 회전측방낙법 — 무 수 법
- 선 법
  - 전방선법
  - 후방선법
  - 측방선법
  - 역 선 법
    - 일 수 법 — 일 족 법
    - 양 수 법
    - 무 수 법 — 양 족 법
- 낙 선 법
  - 전방낙선법
  - 후방낙선법
  - 측방낙선법
  - 응용낙선법
    - 일 수 법
    - 양 수 법
    - 무 수 법
- 낙 호 법
  - 전방낙호법
  - 후방낙호법
  - 측방낙호법
- 선 호 법
  - 전방선호법
  - 후방선호법
  - 측방선호법
- 호 위 낙 선 법
- 응용호위낙선법(2인1조)

호위낙선법 의의　　　　　　　　　　　　　　MEANING

　호위낙선법이란 경호대상이 외부의 충격이나 충격직전의 상황에서, 경호하는 자신이 경호대상의 신체에 대하여, 지면에 안전하게 착지하도록 유도하거나, 이미 가해진 충격에 의하여 경호대상이 신체의 균형을 잃고 넘어지려는 순간, 착지시에 올 수 있는 부상으로부터 보호되게 하는 방법과 동시에 신속하게, 안전지대로의 피신을 위하여, 일어나는 기법으로 체계화된 것을 호위낙선법이라고 한다.

낙법 의의　　　　　　　　　　　　　　　　　MEANING

　낙법이란 어떤 원인에 의하여 신체 즉, 몸의 균형을 잃게 되어 넘어지려는 여러 유형의 순간에서 안전하게 지면에 착지하는 기법을 낙법이라고 한다.
　착지상의 문제는 골절이나 뇌진탕과 같은 위험으로 이어져 ,신체 및 생명을 위협할 수도 있다. 따라서, 낙법은 매우 중요한 무술 수련과정의 하나라고 할 수 있다.

선법 의의　　　　　　　　　　　　　　　　　MEANING

　선법이란 신체의 균형을 잃고 몸의 일부 또는 전부가 지면에 닿아 있거나, 낙법과 같은 유형에 의하여 지면에 의도된 착지상황에서 신속히 지면으로부터 이탈, 신체 즉, 몸을 일으킬 수 있는 기법을 선법이라고 한다.
　선법은 착지시에 노출되는 약점을 극소화 할 수 있는 기술로서, 상대의 역습을 방지할 수 있는 유일한 방법이다.

낙선법 의의　　　　　　　　　　　　　　　　MEANING

　낙선법이란 신체 즉, 몸이 지면에 착지된 동시에 신체를 일으켜 일어나는 기술을 낙선법이라고 한다. 이 낙선법은 신체의 균형을 잃고 넘어지는 순간, 낙하의 속도를 이용 역으로 일어나는 동작으로 구현하도록 하여 안전하고, 신속한 동작이 되도록 한 것이 가장 큰 특징이라고 할 수 있다.

낙호법 의의　　　　　　　　　　　　　　　　MEANING

　낙호법이란 경호대상이 외부의 공격을 받거나 공격에 의해 의식을 잃었을 경우, 몸이 균형을 잃게 되어 넘어지려는 순간, 경호하는 사람이 경호대상보다 지면에 먼저 닿도록 착안되어 있으나, 부득이 그렇지 못한 경우를 대비하여 낙하속도를 줄일 수 있는 기법을 접목하여, 낙호기술을 체계화 된 것이다. 특히, 경호상 일어날 수 있는 공격자의 기습적인 총격이나 칼에 의한 공격수단으로부터 경호대상을 위기에서 보호하기 위하여 가장 신속한 방법으로 경호대상의 몸체를 안전하게 지면에 착지 할 수 있도록 유도하면서 경호하는 사람이 경호대상의 머리나 몸통을 감싸 잡아 충격을 흡수 보호하면서, 안전하게 지면에 착지하는 방법을 말한다. 이 낙호법은 공격과 방어에 있어서 취약한 순간을 보완해 줄 수 있는 매우 중요한 기술이라고 할 수 있다.

선호법의 의의　　　　　　　　　　　MEANING!

　선호법이란 경호대상의 신체가 일부 또는 전부가 지면에 닿아 착지된 여러 유형의 상황에서, 자신이 경호대상의 신체를 잡아끌어 안는 것과 같은 동작을 취하여, 몸을 일으켜 세운 이후, 안전지대로의 신속한 이동을 위한 기술로 이어지도록 창안된 기술이다. 이 선호법은 장기간 노출 될 수 있는 경호대상에게 가해질 수 있는 축차적인 제2, 제3의 공격으로부터 위협을 직접 예방할 수 있는 기술이다.

호위낙선법의 6원칙

구　분	내　　용
첫　째	어떠한 경우라도 경호대상의 머리부분이 지면에 먼저 닿지 않도록 한다.
둘　째	낙호법은 경호대상을 보호하기 위하여 의도적으로 낙호법을 유도할 수 있어야 한다.
셋　째	낙호법에서는 경호대상의 사지 또는 몸이 노출되지 않도록 가능한 바른 자세를 유지하도록 한다.
넷　째	낙호법에서는 가능한 경호대상의 몸통을 받쳐 충격을 흡수하도록 한다.
다섯째	총기를 이용한 공격 시에는 경호대상의 몸통을 감아 먼저 착지시켜 보호한다.
여섯째	선호법을 이용해 경호대상을 신속히 일으켜 안전지대로 긴급 이탈한다.

5. 낙 법

낙법

MEANING 1

낙법은 모든 낙법의 기본이 되는 것으로 신체 중심에 따라 전방 · 후방 · 측방으로 넘어지는 경우를 고려하여 착안된 기본낙법기술로 전방낙법, 후방낙법, 측방낙법 등이 있다. 이러한 낙법은, 손 · 발 등을 이용한 사지낙법인 일수법, 양수법, 무수법, 일족법, 양족법 등으로 이루어지며, 무수법은 발을 이용해 최초 착지하는 경우도 있다. 그리고, 몸이 공중에 빠르게 회전되는 것이 요구 될 때에는 점프낙법을 이용한 기본낙법을 취한다. 기본낙법을 익히기 위해서는 착지시의 공포감을 버리는 훈련과 균형을 순간 유지하는요령을 익히는 것이 다른 어떤 것보다 우선 하여야만 쉽게 익힐 수 있다고 할 수 있다.

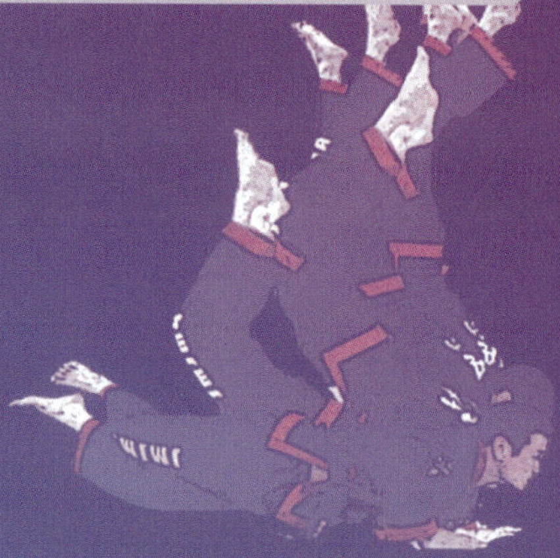

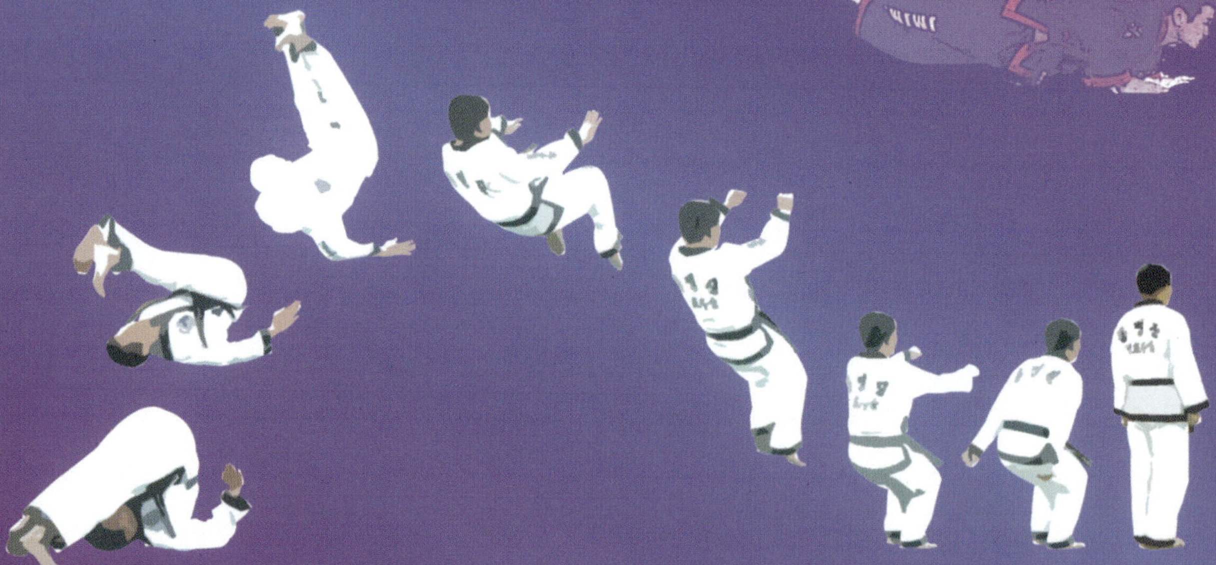

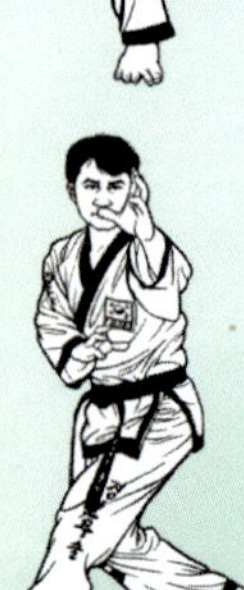

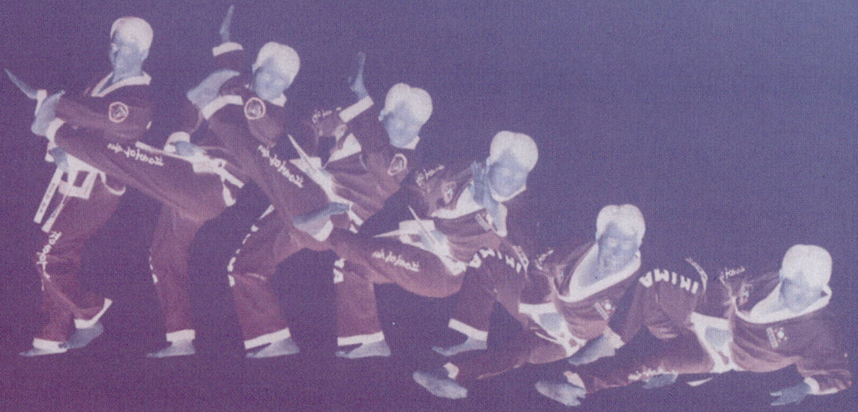

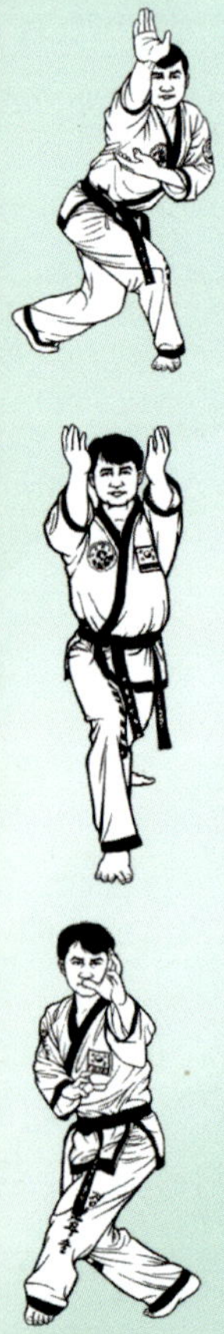

(1) 전방낙법설명 (예)　　　　　　　　　　　ＥＸＡＭＰＬＥ

1. 전방낙법

　전방낙법은 몸의 균형이 앞으로 기울어져 넘어지는 경우 신체의 부상을 예방하며, 안전하게 착지하기 위하여, 취하는 기술이라고 할 수 있다.

　우선, 바른자세를 위해서는 두다리를 곧게 펴 무릎이 맞닿을 수 있도록 붙인 상태에서 양손을 펴 엄지손가락이 눈높이에 위치하도록 하고, 양팔은 어깨넓이로 벌려 앞에서 보면 11자가 되도록 팔을 수직으로 세운다. 다음으로 허리나 등이 과도하게 굽어지거나, 무릎이 굽어지지 않도록 유지한 상태에서 상체를 앞으로 숙여 착지한다.

　이때, 팔을 앞으로 약45°~50°가량 내밀어 팔의 이격을 주고, 지면에 닿는 순간 이격된 팔을 이용하여 스프링처럼 충격을 완화시켜 안전하게 착지한다. 그리고, 착지와 동시에 얼굴을 사진과 같이 왼쪽으로 돌려 충격에 의한 안면부상을 예방하도록 한다.

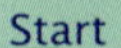

Start

2. 전방무성낙법

　전방무성낙법은 전방낙법과 달리 팔을 곧게 수직으로 편 다음 어깨넓이보다 조금 넓게 손을 벌려 지면에 짚은 팔과 몸통, 다리를 직선으로 유지하며, 충격을 흡수할 때 균형을 잃지 않도록 한 직후 활과 같이 곡선을 유지한 상태에서 가슴, 몸통, 골반, 대퇴부, 무릎, 발 순으로 둥그런 반원형을 유지하며 착지한다.

　이같은 전방무성낙법은 지면이 높은 곳에서 낮은 지면으로 상체가 먼저 기울어져 떨어지는 상황에서 착지하는 기술이라고 할 수 있다. 전방무성낙법기술은 최초 양 손바닥이 지면에 닿는 순간 균형을 유지하여, 등면으로 넘어가지 않도록 하는 것이 매우 중요한 기술로서 머리의 역할이 크다고 할 수 있다. 사진과 같이 머리를 높게 들게 되면 배면으로 착지할 수가 있지만, 고개를 숙여 머리를 내리게 되면, 등면으로 넘어가게 된다. 따라서, 이 점을 특히 유의하여야만 한다.

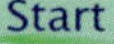
Start

3. 점프전방낙법

　전방점프낙법은 전방낙법의 자세와 일치한다고 할 수 있다 다만, 몸이 일시에 공중에 떠 있을 수 있는 상황에서 몸이 수평으로 균형이 이루어지도록 유지케 한 다음 양팔과 다리를 어깨 넓이로 균형있게 벌려서 사지를 통해 가해지는 충격을 분산, 흡수토록 하여 안전하게 착지할 수 있도록 하는 기술이다. 이같은 자세에서 안전하게 착지하려면, 공중에 떠 정점에 머물러 있는 순간 몸이 가능한 수평이 유지되도록 해야하며, 수평유지의 정도에 따라, 지면에 착지할 때 안전한 착지유무가 달라질 수 있다. 그리고 지면에 착지하는 순간 손과 발이 거의 동시에 착지하는 것이 충격완화를 효과적으로 취할 수 있다. 특히, 허리 골반부분이 지면에 닿지 않도록 하기위해서는 손과 발이 동시에 지면에 닿아야 허리, 배등에 힘을 주어 안전한 착지실현이 가능하다.

1. 후방낙법

　　뒤로 넘어지는 상황에서 몸의 균형을 유지하면서 안전하게 착지하는 동작으로서, 착지시에 올 수 있는 부상을 예방할 수 있는 안전한 낙법기술이라고 할 수 있다.

　　안전한 기술을 위해서 뒤로 구르는 공포감을 극복해야 하며, 하방45 각도로 팔을 뻗어 곧게 편 상태에서 몸의 뒤쪽을 가능한 많은 이격을 주어 지면에 닿는 순간의 충격을 흡수하도록 해야 한다. 또한, 두다리를 모아 곧게 뻗어 다리가 좌우로 벌어지지 않도록 해야 하며, 앞꿈치가 머리위로 지면에 착지하는 동안 자세를 유지해야 한다. 특히, 주의해야 할 점은 머리가 지면에 닿을 경우 충격이 가하지 않도록 특별한 주의가 요구된다.

2. 점프후방낙법

　점프후방낙법은 후방낙법기술을 기초로 하여 취하는 자세로서 몸이 공중에 일시 떠있다가 떨어지는 경우 안전하게 착지하는 기술로서, 우선 공중에 떠있는 상황에서 불안심리를 안정시키도록 한다. 상체의 몸의 중심이 뒤로 기울어 떨어지는 경우는 불안, 공포가 더욱 심화된다. 우선 양팔을 곧게 뻗어 몸으로부터 약45˚~90˚를 뒤로 향하도록 유지한 다음 두다리가 벌어지지 않도록 무릎을 올려 곧게 유지하며, 착지하도록 한다. 착지의 순서는 우선 양손과 어깨견갑골 부위 그리고 몸통순으로 3단계를 걸쳐 착지하도록 유지한다.

　이때 4가지 매우 중요한 점은....
첫째, 다리가 벌어져 전체 균형을 잃도록 해서는 않된다.
둘째, 무릎이 구부러져 무릎으로 인해 얼굴안면이 가격되는 일이 없도록 해야한다.
셋째, 머리가 어떠한 경우에도 착지부위보다 먼저 지면에 닿게 하는 일이 없도록 한다.
넷째, 앞꿈치를 살려 머리뒤로 반드시 지면에 닿게 하여 착지가 안정되도록 지지해 주도록 한다.

6. 경호무술 호위낙선법, 대련법, 사격술법

경호무술 6
호위낙선법, 대련법, 사격술법

67

(3) 측방낙법설명(예)

E X A M P L E

1. 측방낙법(1) (고낙법, 횡낙법)

측방낙법은 몸체가 옆으로 틀어져 중심을 잃고 넘어지는 상황에서 착지해야 하는 낙법기술이라고 할 수 있다. 따라서 많은 훈련이 요구된다, 전방낙법과는 달리 발로 먼저 지면에 착지시켜 충격을 흡수한 다음 엉덩이, 손, 팔, 몸통 순으로 축차적으로 충격을 완화시켜 사진과 같이 착지한다. 이때, 지면에 최초로 착지하는 발의 자세를 주의해야 한다. 그 이유로는 발을 직보행시에 자세, 즉, 'ㄴ'자를 유지하지 않을 경우에는 발목측면에 있는 복숭아 뼈라는 부분이 지면에 닿아 탈골과 같은 큰 부상이 있을 수 있기 때문이다. 수련시 특히 이점을 주의 하도록 한다.

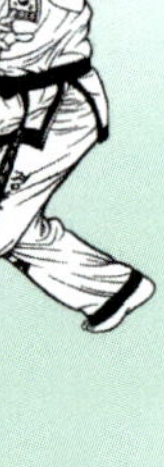

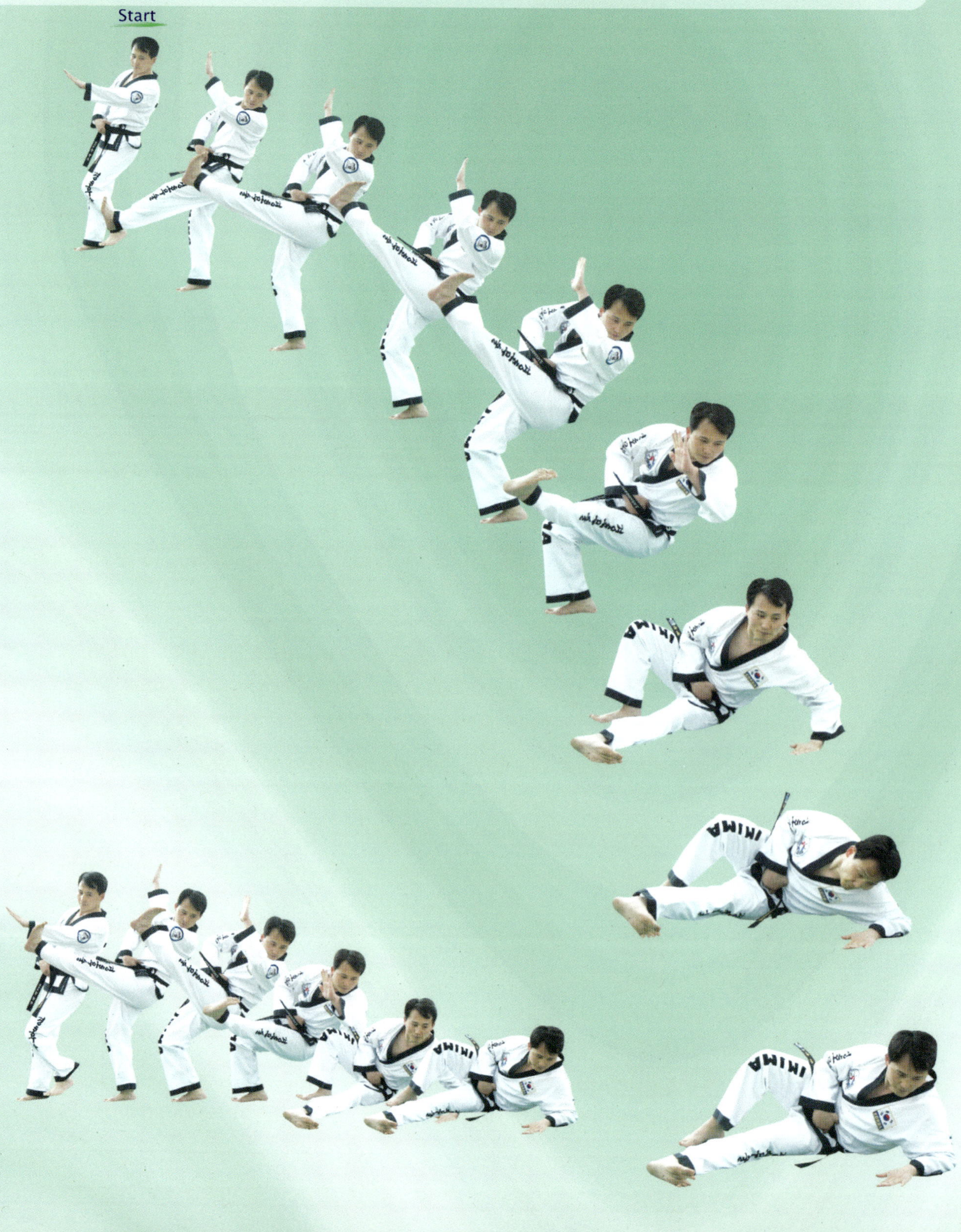

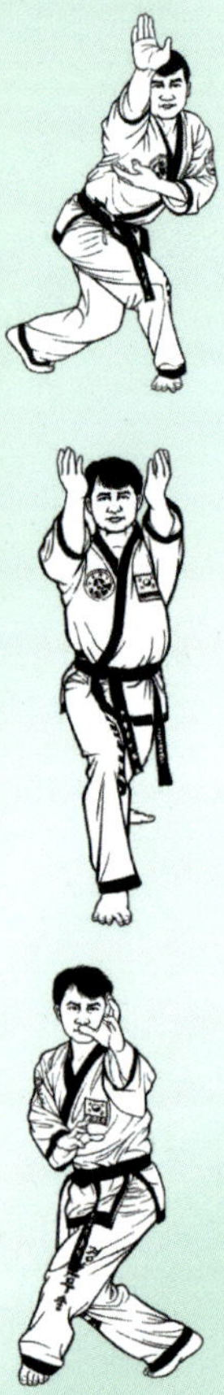

2. 회전측방낙법

회전측방낙법은 측방낙법기술을 기초로 하여 신체 측면을 이용하여 착지하는 기술로서 외부의 강한 충격에 의하여 몸의 균형이 전측방향으로 기울게 되는 상황에서 취할 수 있는 낙법기술이라고 할 수 있다. 자세는 왼발은 곧게 편 상태에서 발의 측면이 닿게 하고, 오른발은 무릎을 구부려 발바닥이 지면에 닿게 하여 착지한다. 주의할 점은 왼발의 복숭아뼈 부분이 지면에 닿지 않도록 주의해야 한다.

Start

3. 점프회전측방낙법

　점프회전측방낙법은 측방낙법기술을 기초로 하는 기술로서 몸이 공중에 떠있는 순간, 몸의 수평 균형을 잃어 떨어지는 순간 안전하게 착지하는 기술이다.

　이 착지 기술은 우선, 몸이 떠있는 높이나, 각도 그리고 몸이 회전하는 속도등을 순간 판단하여 이를 동시에 일치시켜 자세를 바로 한 다음 왼발의 측면부분이 닿고 다음으로 무릎, 손이 동시에 닿게 한 다음 골반, 엉덩이, 몸 통순으로 착지하도록 유도해 안전하게 착지하는 기술이다. 몸이 공중에 떠 균형이 불안정한 상태에서 안전한 착지를 유도하기 위하여 몸이 공중에 있는 상태에서 착지해야할 지면에 위치 각도를 고려하여, 순간 자세를 알맞게 조절하는 능력이 요구된다. 낙법기술 중 가장 고난도의 기술이라고 말할 수 있으며, 수련생들이 수련에 가장 기피하는 기술이기도 하며, 기술을 익힌 수련생들은 가장 즐겨하는 기술이기도 한다.

GUARD MILITARY

6. 선 법

| 선법 | M E A N I N G

선법은 모든 선법의 기본이 되는 것으로, 신체 중심에 따라 전방향·후방향·측방향 등으로 일어나는 경우를 고려하여 착안된 선법기술로, 전방선법, 후방선법, 측방선법 등이 있다. 이 같은 선법은 손·발 등을 이용한 사지선법인 일수법, 양수법, 무수법 등으로 이루어지며, 선법 종류에 따라 등이나 배 부분이 지면에 닿지 않게 한 상태에서 일어날 수 있는 기술로 된 것 이 큰 특징이다.

(1) 전방선법설명 (예)

> 수선법 : 수선법이란 손을 이용하여 일어나는 법
> 족선법 : 족선법이란 발을 이용하여 일어나는 법

1. 전방선법 – 수선법A형

Explanation

양손을 좌·우 몸쪽으로 밀착시킨 상태에서 손의 위치를 몸통의 명치부분에 위치시킨 다음 힘차게 팔을 뻗어 상체를 들어 올린다. 이때 호흡을 크게 들어 마신 상태에서 자세를 취하는 것이 훨씬 수월하다.

다음으로 반동을 이용하여 상체는 수직으로 곧게 세워 사진과 같이 무릎을 펴 바르게 일어선다.

2. 전방선법 – 수선법 B형

☐ Explanation

수선법 A 형과 같은 기술을 기초로 하여 상체를 들어 올린 다음, A 형과는 달리 상체를 수직으로 곧게 세우지 않고, 왼발을 손 앞쪽으로 사진과 같이 내딛어, 상체를 바르게 일어선다.

3. 전방선법 – 일족선법

Explanation

이 기술은 머리뒤에 위치했던 발을 앞으로 돌려 지면을 짚은 다음, 상체를 일으켜 세우는 선법기술이다. 이 자세에서 중요한 점은, 몸을 동그랗게 돌리는 동시에 그 원심력을 이용하여 상체를 자연스럽게 들어올리는 기술이다. 이때, 더 중요한 점은, 몸을 구르게 할 때 균형이 흐트러져 넘어지지 않도록 특히, 주의해야만 한다.

Start

4. 전방선법 - 양족선법

Explanation

양족선과 같이 자세를 취하여, 몸통, 허리 반동을 위한 자세를 준비하고, 반동과 동시에 왼발을 사진과 같이 무릎관절을 구부려 자세를 취한 후, 몸을 굴려 상체를 수직으로 바르게 한 다음, 다시 상체를 전상방향 대각으로 밀어 올려, 사진과 같이 바르게 선다.

Start

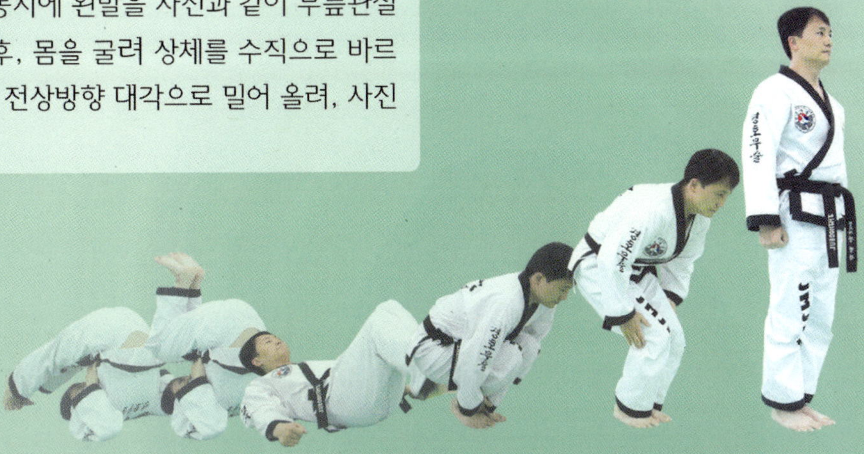

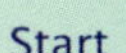

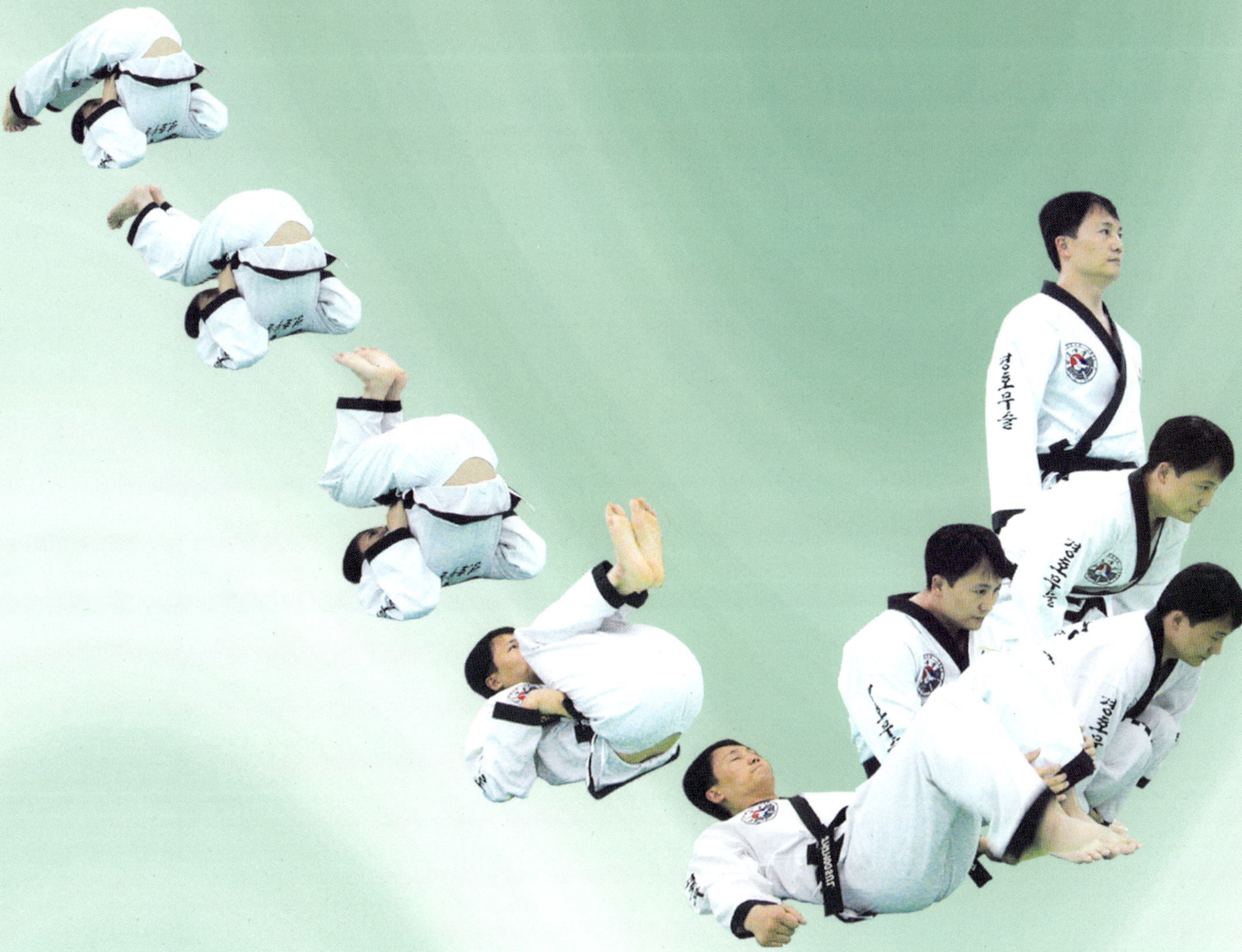

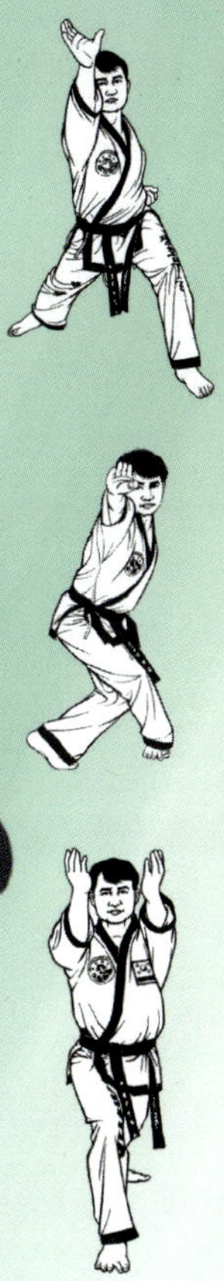

(2) 후방선법설명 (예) ⟨ 수선법 : 수선법이란 손을 이용하여 일어나는 법
족선법 : 족선법이란 발을 이용하여 일어나는 법

1. 후방선법 – 일족선법

Start

Explanation

일족선법은 한발을 구부려 지면에 닿게 하고, 다른 한발을 곧게 편 상태에서, 사진과 같이 가슴 쪽으로 굴신하여 동그랗게 몸을 굴려 구부려진 발로 몸을 지탱하여 일어나는 방법으로서, 구르는 속도가 붙어 원심력이 발생된 경우에는, 그대로 자연스럽게 일어나고, 만약 원심력이 부족한 경우에는 양손바닥을 어깨 뒤로하여 지면에 대어 몸을 밀어 주도록 한다.

2. 후방선법 – 양족선법

Explanation

일족선법과는 달리, 두발을 모두 사진과 같이 구부려 무릎을 머리 부분에 밀착시키고, 몸을 최대한 동그랗게 만들어 회전이 빠르게 자세를 취한 다음, 상체가 바르게 되도록 양팔을 곧게 펴 밀어주는 동시에 두 무릎관절을 펴 일어선다.

Explanation

수선법은 양족선법과 같이 두 다리를 머리위로 넘겨 곧게 편 다음, 그림과 같이 양팔을 이용하여 상체를 힘차게 밀어 올려 바르게 일어선다.

이때, 중요한 점은, 상체중심이 하체중심보다 크기 때문에 팔을 힘차게 밀어 올리는 힘이 매우 중요하다고 할 수 있다.

따라서, 이를 극대화 하려면 최초 발을 머리위로 넘기는 시점부터 원심력의 작용을 이용하도록 연결하는 자세를 취하는데 중점을 두도록 한다.

Start

4. 후방선법 – 역수선법

▣ Explanation

역수선법은 우선 다른 후방선법에 비하여 큰 힘이 필요하다.

사진과 같이 상체뿐 아니라, 하체의 몸의 무게를 들어 올릴 수 있는 그리고 지탱할 수 있는 힘이 요구되기 때문이다.

또한, 사진과 같이 거꾸로 선 자세에서 균형을 유지하는 것이 그 무엇보다도 중요하다.

다음으로는 다리를 내리는 동시에 상체를 들어 올려 자세를 바르게 한다. 상체를 들어올리는 기술은 다리를 내리는 반동을 이용하여 상체를 바로 일어나게 하는 것이 좋다.

5. 후방측선법

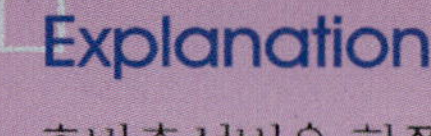

Explanation

후방측선법은 한쪽 다리의 무릎은 구부리고, 다른 한쪽의 다리는 곧게 편 상태에서, 머리 뒤로 위치케 하고 양팔은 등뒤쪽을 향하도록 하여 약 45° 각도로 벌려 손바닥이 지면에 닿게 한 다음 상체가 사진과 같이 측면으로 굴러 이격될 때 구르는 각도와 이격되는 거리에 따라 팔을 돌려 균형을 유지케 한 다음, 머리와 상체가 지면으로부터 거의 이격되는 시점에서 구부러진 발쪽으로 체중을 실어 몸을 일으켜 세우도록 한다.

Start

(3) 측방선법설명 (예)

1. 측방선법 (누워서) – 일족선법

Start

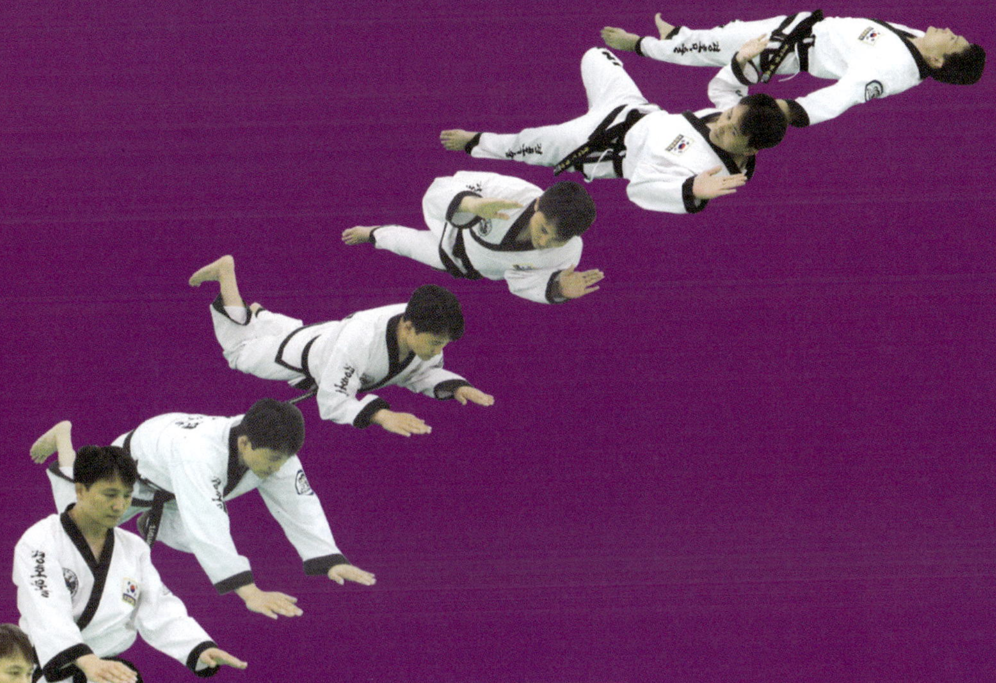

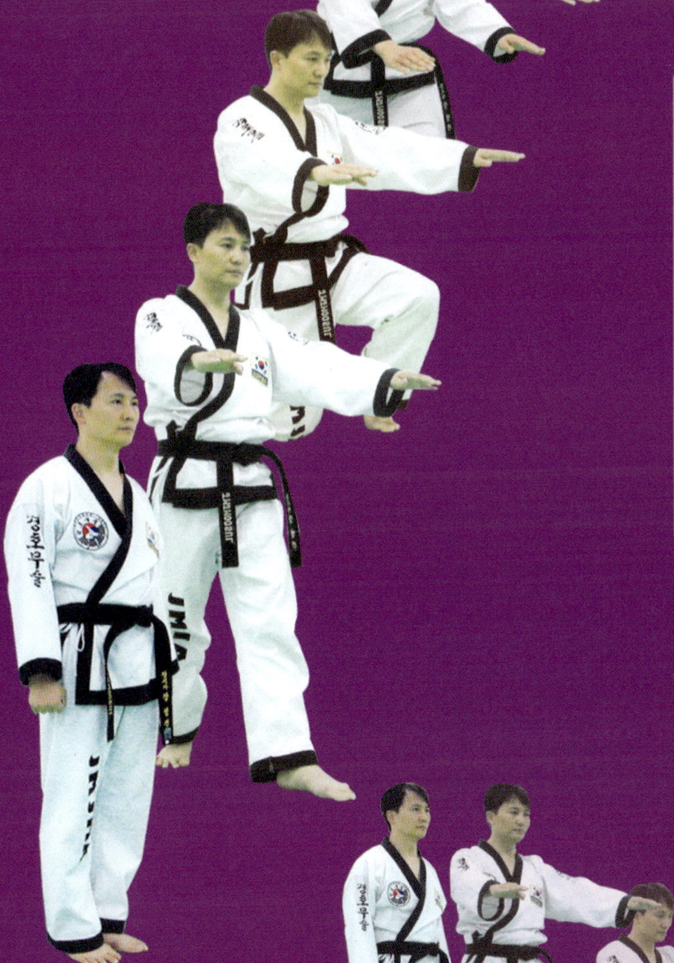

Explanation

 우선 손을 사진과 같이 편 상태에서 팔을 구부리고, 얼굴높이로 올린 다음 오른발을 엉덩이 쪽으로 밀착시켜 붙인 후 팔과 몸통을 측면으로 기울게 하는 동시에 구부렸던 발의 무릎을 펴 탄력을 주어 상체를 돌려 가슴이 지면에 향하도록 자세를 1차적으로 취한다.

 다음으로 왼발을 앞쪽으로 내딛고 상체를 수직으로 세운 다음 상하반동을 약간 이용하여 두 다리에 체중을 분산시켜 상체를 들어 올려 바르게 선다.

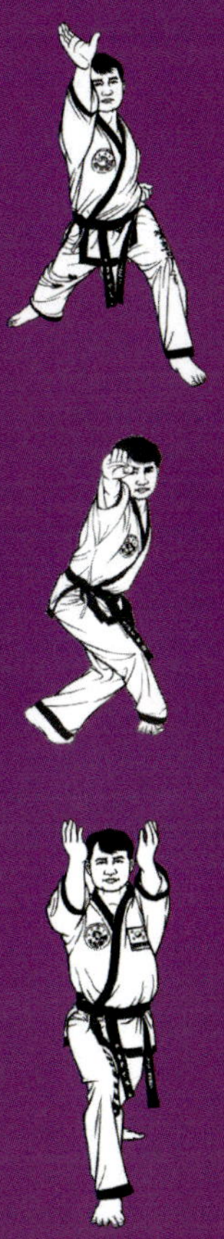

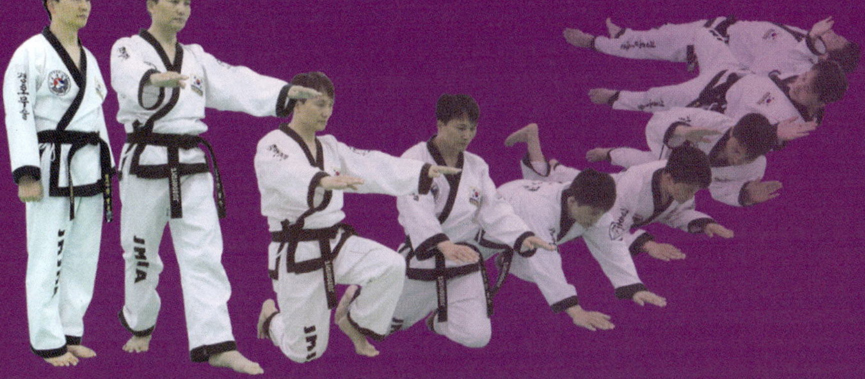

2. 측방선법(누워서) – 일족선법

Explanation

우선, 오른 다리를 구부려 발을 엉덩이 쪽으로 당겨 밀착되도록 한 다음 동시에 왼손을 얼굴높이로 위치케 하는 동시에 몸을 측면으로 사진과 같이 돌려 가슴부분이 지면을 향하도록 엎어진 자세를 취한다.

다음으로는 호흡을 크게 들이마신 상태에서 양손을 명치부위에 위치하게 한 다음, 팔을 뻗어 상체부터 들어 올린 후 곧바로 엉덩이 하체를 2차적으로 들어 올리는 동시에 왼발을 앞으로 내딛어 상체를 수직으로 세우면서 일어선다.

3. 측방선법 (누워서) – **일족선법**

Start

▢ Explanation

우선, 왼손과 오른발을 구부려 몸통을 빨리 돌리
도록 자세를 취한다.

다음으로 구부려진 다리를 지탱하여 몸을 돌리는
동시에 어깨에 팔을 이용하여 몸통을 사진과 같이
돌린다. 이때 팔과 다리를 동시에 이용하여 체중을
팔다리에 균형 있게 분산시켜 굴신된 팔다리를 펴
상체를 바르게 하여 일어선다.

4. 측방선법(누워서) – 일족선법

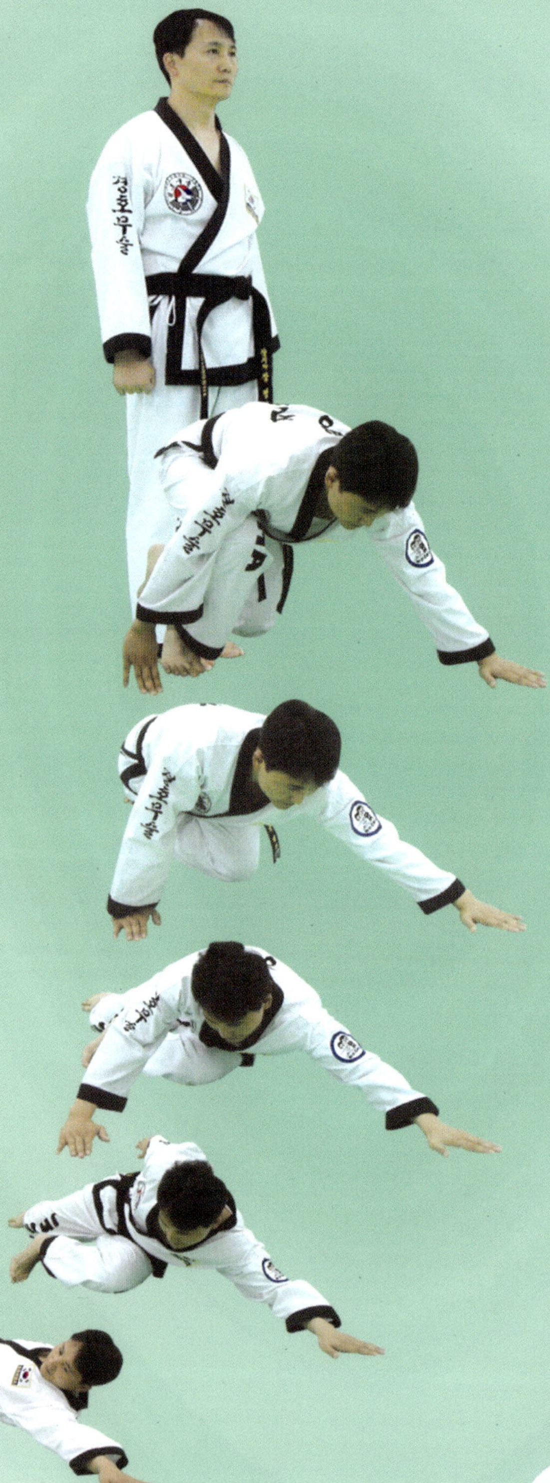

Explanation

사진과 같이 몸을 측면으로 돌리는 동시에 두 다리와 왼손의 자세를 취한다. 그리고, 오른손팔과 다리를 지면에 닿게 하여 몸의 체중을 지탱케 한 다음 상체를 우선 일으켜 세워 자세를 바르게 한 다음 오른발에 체중을 실어 2차로 몸을 일으켜 선다.

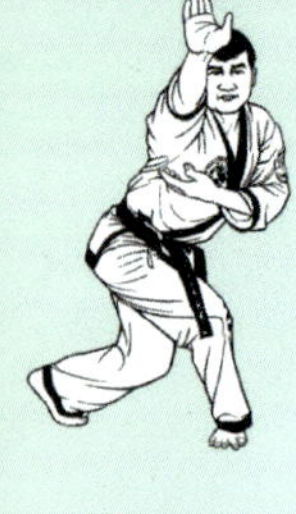

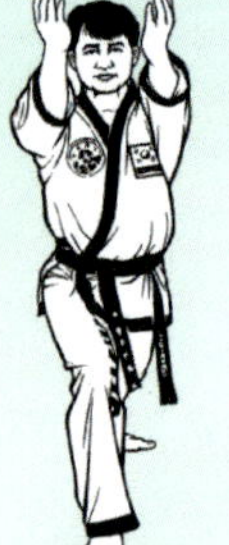

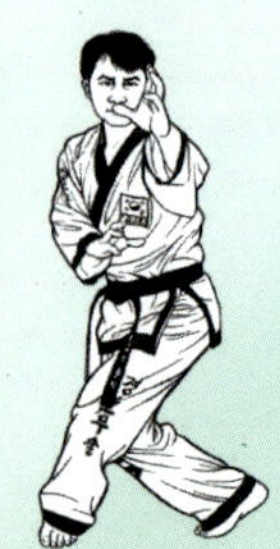

Start

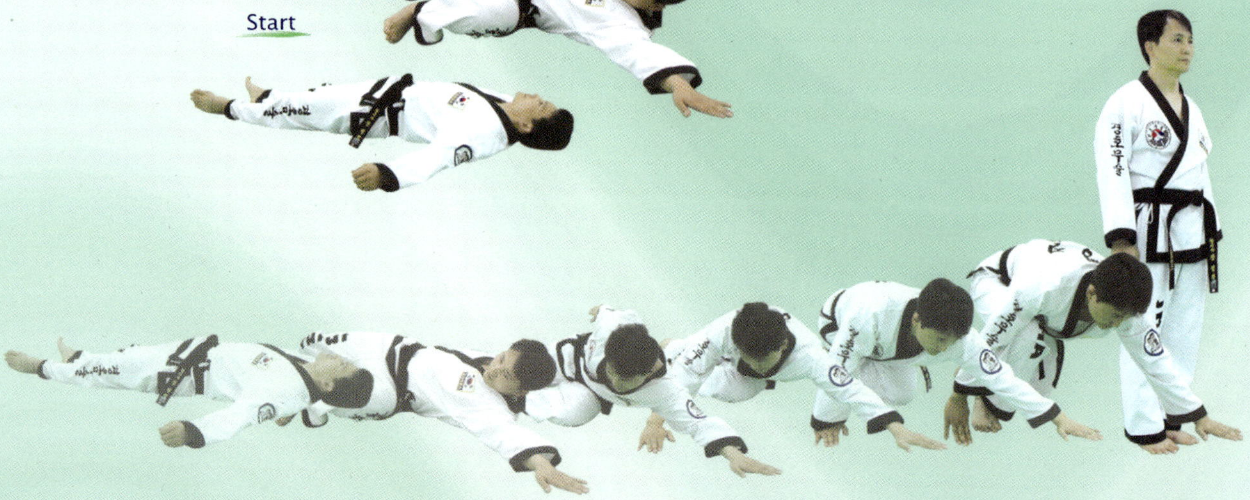

5. 측방선법 (누워서) – 일족선법

Explanation

우선 오른다리를 구부려 발을 엉덩이 쪽으로 당겨 밀착시킨 다음 왼발을 곧게 편 상태에서 그림과 같이 90°로 들어 올린 다음 사진과 같이 몸통이 도는 동시에 다리를 돌려 상체가 지면에 닿지 않도록 그림과 같이 일어선다. 다음으로 왼발에 크게 힘을 주어 상체를 들어 올려 사진과 같이 선다.

Start

6. 측방선법(누워서) – 일족선법

Explanation

오른발을 구부려 발을 엉덩이 쪽으로 당겨 밀착시킨 후 왼팔을 얼굴 위쪽으로 올리는 동시에 사진과 같이 왼발을 곧게 편 상태에서 상체를 지면으로부터 1차적으로 들어 올린다. 다음으로 두 다리에 체중을 균형 있게 분산시킨 다음 약간의 상하반동을 순간 이용하여 일어선다.

7. 측방선법 (엎어져서) – 일족선법

Explanation

우선, 누워있을 때와는 달리 엎어져 있을 때에는 곧바로 팔을 이용해 신속하게 사진과 같이, 몸을 측면으로 돌리기 쉽다고 할 수 있다. 중요한 점은 몸을 측면으로 신속하게 돌리기 위해서는 두 팔을 동시에 뻗지 않고 한팔 만을 사진과 같이 곧게 편 자세를 취하며 몸을 돌리는 것이 좋다.

다음으로, 가슴이 지면을 향하도록 몸을 돌리는 동시에 왼발을 앞으로 내딛고 동시에 상체를 들어 올려 일어선다.

경호무술

8. 측방선법 (엎어져서) – 일족선법

Explanation

　사진과 같이 오른팔을 곧게 뻗어 머리위로 올리는 동시에 왼쪽다리를 몸의 앞쪽으로 뻗어 돌리는 동시에 오른발도 따라 돌린다.

　다음으로는 왼발을 구부려 발이 엉덩이 쪽으로 밀착시켜 붙이고, 오른발은 곧게 편 상태에서 뒤꿈치, 발바닥 순으로 내딛고, 다리를 지면에 내리는 반동을 이용하여 상체를 들어 올려 사진과 같이 신속하게 일어선다.

(4) 역선법설명 (예)

1. 역선법 1번

Start

Explanation

　왼쪽다리를 구부려 가슴 쪽으로 밀착시키는 동시에 상체를 사진과 같이 측면으로 들어 올려 곡선의 자세를 갖춘 다음 오른발을 곧게 편 상태에서 좌에서 우로 향하도록 머리위로 원형으로 크게 돌려 상체를 전환시킨 다. 다음으로 오른쪽 다리를 구부려 발을 엉덩이 쪽으로 밀착시키는 동시에 왼쪽다리를 다시 구부려 발을 지면에 착지하는 동시에 착지시키는 반동을 이용하여 엉덩이와 상체를 일으켜 사진과 같이 바르게 선다.

89

2. 역선법 2번

Explanation

양쪽 다리를 붙인 상태에서 사진과 같이 머리위로 넘긴 다음, 양손을 어깨 뒤로 손바닥이 지면을 향하도록 짚은 다음, 호흡을 크게 들어 마셔 멈춘 상태에서 상체를 들어 올린다.

이때, 두 다리를 붙인 상태에서 위로 향하도록 들어 올리는 동시에 수직으로 자세를 취하여 균형을 유지한 다음, 구부러져 있는 팔을 힘차게 곧게 펴 몸을 일으키는 동시에, 등이 지면에 닿지 않도록 그림과 같이 허리를 동그랗게 구부려 다리가 지면에 먼저 착지하도록 하여, 그 반동을 이용하여 상체를 일으켜 세운다.

7. 낙선법

낙선법

낙선법이란 낙법과 선법을 혼용하여 동작을 동시에 이루도록 한 것으로서, 신체 즉, 몸이 지면에 착지된 동시에 신체를 일으켜 일어나는 기술로 만든 것이다. 이 낙선법은 신체의 균형을 잃고 넘어지는 순간, 낙하의 속도를 이용 역으로 일어나는 동작으로 구현하도록하여 안전하고, 신속한 동작이 되도록 한 것이 가장 큰 특징이라고 할 수 있다.

(1) 전방낙선법설명 (예)　　　　　　E X A M P L E

1. 전방낙선법 – 양족법 (별명: 두발구부려 구르기)

Start

☐ Explanation

　허리와 무릎을 동시에 굴신시켜 앞으로 굴러 일어선다.

　양팔을 어깨 넓이로 벌려 곧게 편 다음 양손을 지면에 짚은 다음, 등이 지면에 닿게 하여 사진과 같이 몸을 동그랗게 자세를 유지하여 구르고, 발이 지면에 닿는 순간 반동을 이용하여, 상체를 일으켜 바르게 선다. 이때 주의할 점은, 발이 지면에 닿는 순간 반동을 극대화시키기 위해서는, 양손으로 발목을 잡아 상체를 끌어 올리는 것이 중요하다.

2. 전방낙선법– **편일족법**(별명: 한발구부려 구르기)

Start

☐Explanation

    왼발무릎을 구부리고, 오른발을 곧게 편 상태에서 몸을 사진과 같이 동그랗게 굴려 일어선다. 이때, 곧게 편 오른발을 이용하여 반동 가속을 붙여 상체를 일으켜 일어나도록 한다. 이때, 몸의 균형이 흐트러지 않도록 주의 해야만 한다.

3. 전방낙선법 – **편양족법**(별명: 두발 펴 구르기)

Explanation

양다리를 곧게 편 상태에서, 지면에 착지하는 순간 그 반동을 이용하여 상체를 일으켜 세운다. 또한, 양팔을 곧게 펴 상체를 밀어 일어나도록 자세를 유지한다. 다른 낙선법과는 달리, 매우 특별한 순발력이 요구되는 기술로서, 오랜 훈련이 요구되는 기술이다.

4. 전낙선법轉落旋法 (고낙선법, 횡낙선법)

■Explanation

몸의 균형을 잃어 앞으로 넘어지는 상황에서, 양팔과 손바닥이 지면에 먼저 닿게 착지하면서 몸의 충격을 완화시켜 외상을 줄이는 낙선법기술이다. 두손을 눈높이로 올려 팔을 어깨 넓이고, L자 수직으로 세워 지면에 착지하는 동시에 얼굴이 지면에 닿지 않도록 오른쪽으로 돌린다.

다시 말해, 사진과 같이 오른손을 수도와 같이 손을 편 상태에서 반수도자세로 손끝이 지면에 닿게 하는데, 이때 팔을 안으로 돌려 손날이 앞쪽으로 향하도록 한다.

그리고, 왼손은 수장과 같이 손가락을 크게 벌려주고 오수 끝이 지면에 닿도록 자세를 취한다. 이때, 중요한 점은 발의 위치와 손의 위치에 따라서 구르는 각도와 이동하는 거리가 달라진다는 점이다. 우선, 기본자세의 위치는 오른발 수평위치에 어깨 넓이로 왼손을 위치시키고, 그 사이 중심에 자신의 한 뼘정도의 앞쪽에 오른손을 위치하도록 한다.

서두에 설명한 바와 같이 오른손, 왼손의 위치에 따라서 구르는 각도와 이동하는 거리가 달라지는데 왼손이 앞으로 가 있으면, 몸은 오른쪽으로 구르게 되며, 그 반대로 아래쪽에 위치하게 되면 몸은 왼쪽으로 구르게 된다. 그리고, 오른손의 위치가 앞으로 위치한 경우에는 구르는 넓이가 확장되어 길이가 길어지고, 반대로 뒤로(안으로)위치한 경우에는 구르는 넓이가 좁아져 길이가 짧아지게 된다. 따라서, 높게 또 넓게, 몸이 뛰는 경우에서는 이 같은 특성을 고려하여 조정하면 된다.

5. 전방낙선측법(轉落旋測法)(고낙선법, 횡낙선법)

Explanation

측방낙법 기술을 기초로한 응용기술이라고 할 수 있다. 우선, 다리의 모양은 측방낙법과 동일한 자세를 취하여 전면에 착지한 다음, 회전한 자세의 반동을 이용하여 상체를 일으켜 세운다. 이때, 중요한 점은 지면에 닿았던 왼손팔을 이용하여 상체를 힘껏 밀어 올려주어야만 한다는 사실이다. 그리고, 회전하는 속도와 착지 직후의 타이밍을 놓치면 일어나기 힘들기 때문에 이점을 주의해야만 한다.

(2) 후방낙선법설명 (예)

1. 후방낙선법– 양족법

Start

☐Explanation

사진의 동작처럼, 엉덩이, 등, 어깨, 머리, 발, 무릎 순으로 동그랗게 착지한 후 다시 양팔을 곧게 뻗어 상체를 일으키고 이어 무릎을 지면으로부터 일으킨 다음 상체를 수직으로 일으켜 바르게 선다.

이때, 중요한 점은 착지와 동시에 양손을 어깨 뒤로해 지면을 짚어주고 머리에 충격이 가하지 않도록 주의한다.

2. 후방낙선법- 편일족법

Start

Explanation

　착지와 일어나는 것을 약간 구분하여 자세를 취한다. 특히, 착지는 후방낙법과 동일하게 착지하기 위하여 양팔을 곧게 펴 손바닥이 지면에 닿도록 하고 약 45° 각도로 벌려준다.

　다음으로 오른발을 사진과 같이 구부린 상태에서 머리 뒤로 넘겨주고, 양팔을 구부려 손을 어깨 뒤로 짚은 다음 사진과 같이 상체를 들어 밀어 올려 일으켜 선다.

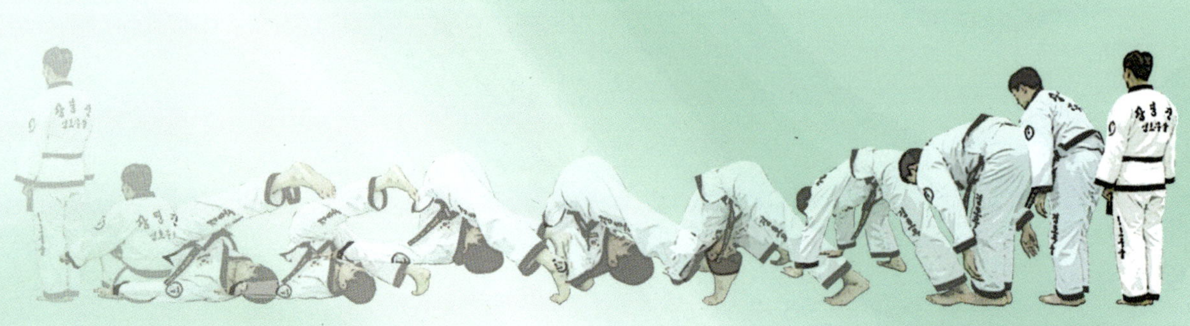

3. 후방낙선법 – 편양족법

Explanation

착지를 엉덩이, 등, 어깨 순으로 자세를 취한 후 착지의 반동을 이용하여 다리를 모아 무릎을 곧게 편 상태에서 무릎이 지면에 닿지 않도록 머리위로 넘기는 동시에 발로 착지 한 다. 그리고 양팔을 힘차게 곧게 펴 상체를 밀어 올려 선다.

Start

Explanation

　상체를 사진과 같이 뒤로 젖히는 동시에 반대로 반동을 이용하여 양팔의 힘을 더해 몸을 힘차게 들어 올린 다음 곧바로 다리를 힘차게 내리는 반동에 의하여 다시 상체를 들어 올려 선다.
　이 자세에 있어서 가장 중요한 기술은 다리를 떨어지지 않도록 붙이는 것이며, 착지와 동시에 다리를 사진과 같이 수직으로 세워 균형을 유지하는 것이다. 이 과정에서 특히, 주의해야 하는 것은 다리를 수평으로 유지된 상태에서 90° 수직으로 세우는 동시에 팔을 뻗어 몸을 일으키는 과정에서 목의 힘을 이용하여 몸을 1차로 팔을 이용하기 직전까지 들어올리는 것이다.

5. 후방무성낙선법–양수족법

Explanation-1

이 자세는 전방무성낙법과 거의 같은 자세라고 할 수 있다. 그러나, 전방무성낙법은 배면으로 착지하지만 후방무성낙선법은 등면으로 사진과 같이 착지하는 것이 특징이라고 할 수 있다. 또, 이 자세는 등면으로 착지하도록 자세를 유도하는 것이 매우 중요한 기술이 된다.

Explanation-2

이 기술은 높은 곳에서 낮은 곳으로 착지하여 일어서는 기술로서 높은 지면에서 낮은 지면으로 상체가 기울어 떨어질 때의 기술이라고 할 수 있다. 이 기술은 대단히 힘든 기술 중 하나라고 할 수 있다.

특히, 팔에 가해주는 하중 그리고 각 관절에 순간 가해지는 하중은 대단해서 상당한 무리가 따르게 된다. 따라서, 양손, 팔 그리고 목, 어깨 등으로 순차 착지하는 과정이 매우 정밀한 타이밍 기술이 요구된다. 이때, 충격흡수 또는 하중을 고르게 분산시키지 못하면 큰 부상이 따를 수 있다.

1. 응용낙선법 (수족으로옆돌기)

◻Explanation

   신체의 측면으로 자세의 각도를 유지하여 사진과 같이 오른발, 오른손, 왼손 순으로 착지한 후 다시 왼발, 오른발 순으로 착지한다. 이때 중요한 점은 양손과 발을 각각 일정한 각도를 유지하여 순차적으로 착지하는 것이 중요하다. 일정한 각도유지의 불안정성은 자칫 신체의 균형을 잃을 수 있다.
   특히, 주의해야 할 점은 양팔과 다리의 관절을 구부리지 않고 곧게 편 상태에서 자세를 취해야만 한다는 사실이다.

2. 응용낙선법 (수족으로 앞돌기-덤블링)

Explanation-1

　우선, 오른발을 앞으로 힘껏 내딛는 동시에 양팔을 어깨넓이로 벌려 눈높이로 손을 크게 펴 허리를 굽혀 상체를 내리는 동시에 발을 뒤로 들어 올린다.

　이때 두 손은 사진과 같이 오른발 앞쪽 위치에 지면을 짚은 다음 체중을 지탱하고 들어올린 발이 지면에 거의 착지하는 순간까지 자세를 유지한다. 다음으로 올려진 발이 지면에 닿는 반동을 이용하여 상체를 일으켜 선다. 이때 주의해야 할 점은 발을 내딛는 순간부터 다리가 수직으로 서기 직전까지 머리를 든 상태에서 시선을 진행하는 방향을 위로 15° 주시하고 양팔과 다리의 관절이 굽히지 않도록 하는 것이다.

Explanation-2

　이 자세는 일명 덤블링이라고도 한다. 우선 양팔을 앞으로 뻗어 뛰어가는 동시에 허리를 구부려 뻗었던 팔을 지면에 짚는 동시에 오른발을 힘차게 밀어 하체를 뒤로 돌리게 하여 사진과 같이 넘어가도록 한다. 물론 등이 지면에 닿지 않도록 해야하며, 발이 지면에 닿는 순간, 상체를 그 반동을 이용하여 일어서게 해야만 한다. 발이 지면에 착지하는 순서는 사진과 같이 왼발딛고 오른발 딛는 짝발 착지방법과 두발을 모아 동시에 착지하는 두가지 방법이 있다.

103

3. 응용낙선법 (수족으로 앞반뒤로돌기 –백핸드)

☐ **Explanation-1**

이 자세는 크게 두 가지 자세로 구분되며, 2회 연속으로 각기 다른 자세로 돌아서 착지를 한다. 우선, 첫 번째 자세는 몸을 수평으로 90° 돌리는 동시에 허리를 구부려 상체를 낮추어 사진과 같이 손으로 착지 한 다음 하체를 들어올리는 동시에 몸을 다시 90° 더돌린다. 이때 두발을 모아 붙인 다음 힘차게 끌어내려 지면에 착지하는 순간 그 반동을 이용하여 상체를 뒤로 넘겨 허리가 활처럼 휘게 한다. 이 순간 양팔을 머리위로 크게 뻗어 올리는 동시에 상체가 지면을 향할 때 팔의 자세를 계속 유지하면서 양손으로 지면을 짚어 주어 가해지는 하중을 지탱하고 두 다리가 따라 돌아 지면에 착지하는 직전까지 자세를 유지하는 동시에 이때 상체를 들어올려 선다.

Explanation-2

이 자세는 빽핸드라고도 불리우는데, 양팔을 앞으로 뻗어 달리다가 허리를 숙여 오른손으로 지면을 짚은 다음, 오른손을 왼손 좌전방앞쪽에 짚은 다음 왼발을 이용해 하체를 위로들어 올리게 한 다음 동시에 4번 후방낙선법과 같이 두발을 모아 지면에 착지하고, 이어서 상체를 사진과 같이 뒤로 돌려 양손이 지면에 착지하도록 유도해준다. 그리고 다시 4번 후방낙선법과 동일한 방법으로 상체를 들어 올려 바르게 선다. 물론 뒤로 돌 때 양손을 지면에 짚지 않고 곧바로 회전하여 착지 할 수 도 있다. 그러나, 매우 정밀한 수련이 요구되는 기술이라고 할 수 있다. 이 응용낙선법은 빠른 순발력을 키워주고 안전한 평형감각을 갖게 해주며, 커다란 공포감을 극복하는데, 크게 도움을 주는 수련법이라고 할 수 있다. 따라서 난이도를 높여가며 수련하는 것이 좋다. 그러나 안전이 확보된 시설과 공간에서만 수련하도록 주의 해야만 한다.

8. 낙호법

낙호법

낙호법이란 경호대상이 외부의 공격을 받거나, 공격에 의해 의식을 잃었을 경우, 몸이 균형을 잃게 되어 넘어지려는 순간 또는 경호대상의 안전을 위해 인위적으로 착지할 수 있도록 유도하면서, 경호원이 경호하는 사람의 머리나 몸통을 감싸 잡아 충격을 흡수 보호하면서, 안전하게 착지하는 방법을 말한다. 이 낙호법은 공격과 방어에 있어서 취약한 순간을 보완해 줄 수 있는 매우 중요한 기술이라고 할 수 있다.

(1) 전방낙호법설명 (예) **E X A M P L E**

전방낙호법은 적의 피습방향을 모르거나 또는 측후방에서 공격이 가해져 오는 순간에 취하는 기술이다.

1. 전방낙호법 – 수낙호법

Start

Explanation-1

왼손으로 손바닥을 편 상태에서 경호대상의 뒷머리 부분에 갖다 대어 앞으로 고개가 숙여지도록 누르는 동시에 오른손으로는 경호대상을 왼팔 관절부위의 겨드랑이사이로 밀어 넣어 경호대상의 팔이 굽혀지지 않도록 뒤로 돌려 사진과 같이 경호대상이 지면에 구르도록 유도한다.
중요한점은 어떠한 경우에도 경호대상의 머리가 지면에 직접 닿지 않도록 주의한다.

Explanation-1

이 자세는 경호대상에 대하여 전후방 또는 측방에 관계없이 공격해 올 때 자세를 낮추어 보호할 수 있는 기술이다. 우선 바른자세를 위해서는 사진과 같이 경호하는 자신이 신속하게 경호대상 측면으로 이동하여, 왼손으로는 머리 뒤통수 부분에 위치케하여 앞으로 밀어 머리와 허리가 앞으로 숙여지도록 유도하고, 오른손으로는 중팔겨드랑이 사이로 밀어 올려 팔이 뒤로 젖히도록 하면서 몸이 측면으로 돌도록 자세를 취한다.

2. 전방낙호법– 족낙호법

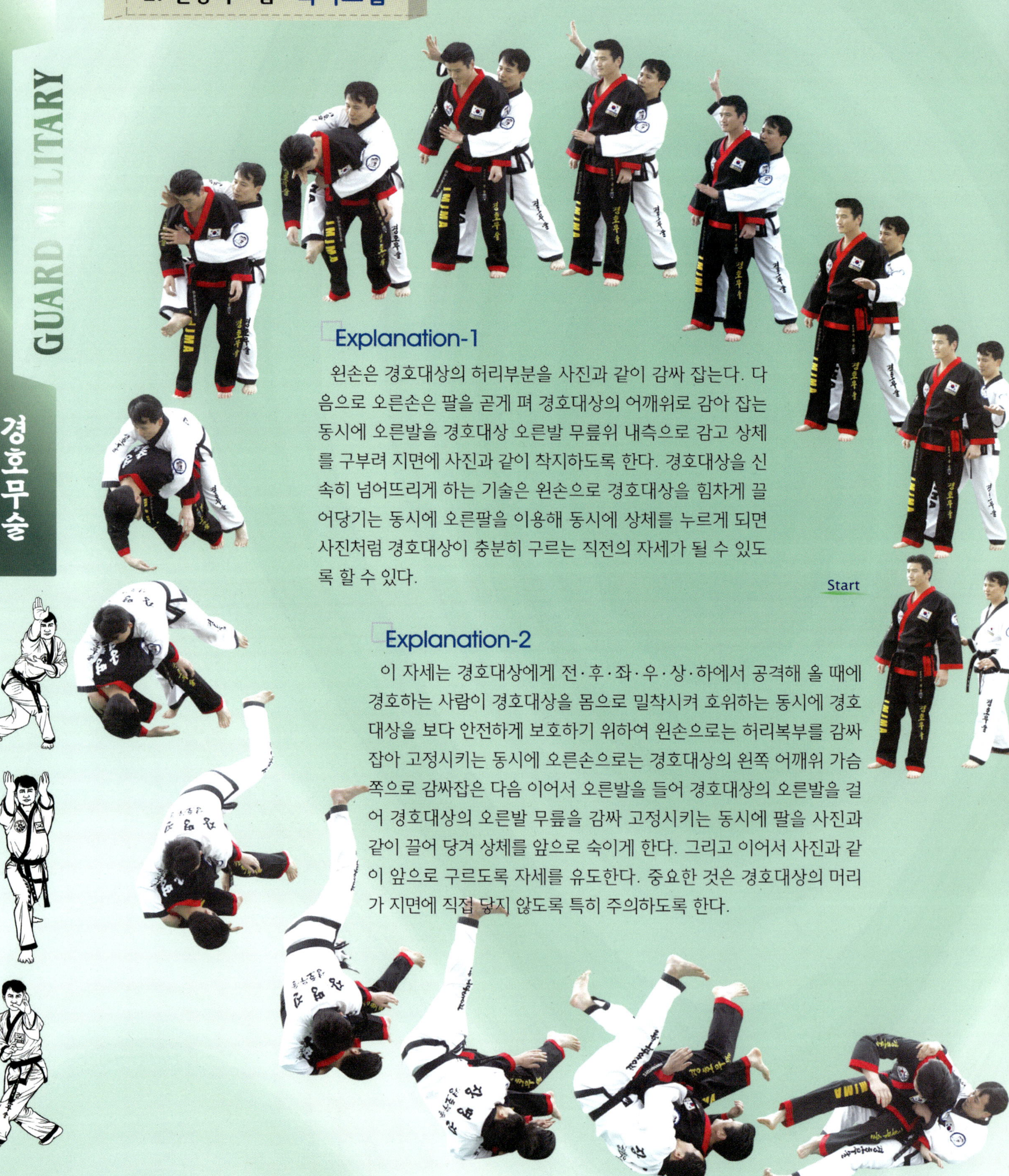

Explanation-1

왼손은 경호대상의 허리부분을 사진과 같이 감싸 잡는다. 다음으로 오른손은 팔을 곧게 펴 경호대상의 어깨위로 감아 잡는 동시에 오른발을 경호대상 오른발 무릎위 내측으로 감고 상체를 구부려 지면에 사진과 같이 착지하도록 한다. 경호대상을 신속히 넘어뜨리게 하는 기술은 왼손으로 경호대상을 힘차게 끌어당기는 동시에 오른팔을 이용해 동시에 상체를 누르게 되면 사진처럼 경호대상이 충분히 구르는 직전의 자세가 될 수 있도록 할 수 있다.

Start

Explanation-2

이 자세는 경호대상에게 전·후·좌·우·상·하에서 공격해 올 때에 경호하는 사람이 경호대상을 몸으로 밀착시켜 호위하는 동시에 경호대상을 보다 안전하게 보호하기 위하여 왼손으로는 허리복부를 감싸 잡아 고정시키는 동시에 오른손으로는 경호대상의 왼쪽 어깨위 가슴쪽으로 감싸잡은 다음 이어서 오른발을 들어 경호대상의 오른발을 걸어 경호대상의 오른발 무릎을 감싸 고정시키는 동시에 팔을 사진과 같이 끌어 당겨 상체를 앞으로 숙이게 한다. 그리고 이어서 사진과 같이 앞으로 구르도록 자세를 유도한다. 중요한 것은 경호대상의 머리가 지면에 직접 닿지 않도록 특히 주의하도록 한다.

(2) 후방낙호법설명 (예)   E X A M P L E

후방낙호법은 전방향에서 적피습이 있는 경우에 경호대상을 호위하는 후방낙호법 기술이다라고 할 수 있다.

1. 후방낙호법 (양삼각팔굽낙호법)

Start

Explanation-1

경호대상의 몸통을 양팔로 뻗어 감싸 잡는다. 다음으로 무릎을 구부려 경호 대상을 끌어당겨 과감하게 후방으로 착지한다. 이 경우 신속, 과감하게 자세를 취하는 것이 매우 중요한 기술이 된다.

특히 충격을 흡수하거나 완충할 수 있는 손이나 발을 이용할 수 없는 상태에서 엉덩이만을 사용해야 하기 때문에 특별한 주의가 요구된다고 할 수 있다.

Explanation-2

이 자세는 전방향에서 칼이나 총과 같은 무기로 경호대상을 기습공격 하는 상황에서 경호하는 자신이 경호대상의 몸을 감싸 잡아 뒤로 넘어 지는 자세를 취하는 기술이다. 이 자세를 위해서는 사진에서 보는 바와 같이 경호하는 자신이 경호대상의 등 뒤쪽에서 양팔을 수평으로 뻗은 다음 경호대상의 양팔과 몸통을 동시에 감싸잡은 다음 뒤로 당기는데 이때 중요한 기술은 자신의 오른쪽 무릎을 세워 경호대상의 엉덩이를 순간 걸치도록 자세를 취하여 뒤로 돌려 엉덩이, 등 순으로 신속하게 착지하는 것이다.

특히, 중요한 것은 최초 감싸잡았던 팔을 지면에 넘어질 때까지 끝까지 유지하는 것이 필요하다.

2. 후방낙호법 (후 겨드랑 대각 삼각팔굽 낙호법)

Start

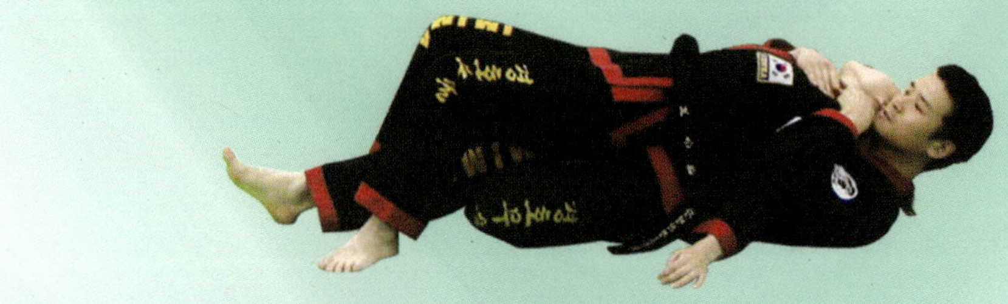

Explanation

우선, 왼손과 오른발이 앞으로 거의 동시에 이동하여 왼손으로 는 경호대상의 어깨를 잡고 오른발의 무릎은 경호대상의 오른발 무릎뒤축을 눌러 상체의 중심을 뒤로 기울게 하면서 오른손은 경 호대상의 오른팔 겨드랑이 사이로 팔을 뻗어 목 부위 대각으로 감 싸 잡으며, 뒤로 동시에 당겨 사진과 같이 착지한다.

3. 후방낙호법 (양수어깨낙호법)

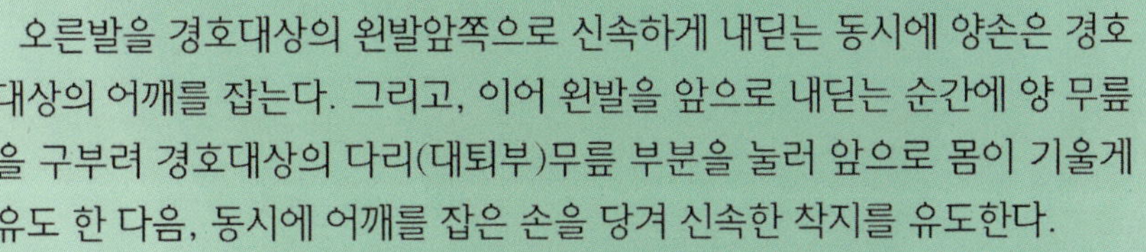

Explanation-1

오른발을 경호대상의 왼발앞쪽으로 신속하게 내딛는 동시에 양손은 경호 대상의 어깨를 잡는다. 그리고, 이어 왼발을 앞으로 내딛는 순간에 양 무릎을 구부려 경호대상의 다리(대퇴부)무릎 부분을 눌러 앞으로 몸이 기울게 유도 한 다음, 동시에 어깨를 잡은 손을 당겨 신속한 착지를 유도한다.

Explanation-2

이 자세는 경호대상의 뒤쪽에서 용의자가 기습공격을 할 때 경호하는 사람이 경호대상에게 정면으로 다가간다. 그리고, 이때, 양팔을 뻗어 경호대상의 양어깨를 동시에 잡아 사진과 같이 당기면서 후방으로 넘어진다. 이때, 주의할 점은 경호대상의 몸통이 지면에 닿지 않고, 자신의 몸통에 착지토록 유도하는 것이 매우 중요하다고 할 수 있다.

4. 후방낙호법 (삼각팔굽낙호법)

Start

Explanation-1

왼발을 경호대상의 오른발 위치로 대각으로 발을 내딛는 동시에 오른팔을 경호대상의 목부위쪽으로 뻗어 감아 잡은 다음 상체를 끌어 당겨 사진과 같이 경호대상을 가슴 앞쪽으로 잡아당겨 착지를 유도한다.

Explanation-2

이 자세는 경호대상의 측후방에서 용의자가 기습공격하는 경우 사진과 같이 넘어지는 기술이다. 이 같은 기술을 위해서는 사진을 보는 바와 같이 우선 경호하는 사람이 오른발을 크게 하여 경호대상 앞쪽에 내딛는 동시에 오른팔은 전상방으로 뻗어 삼각팔굽으로 목주위를 감싸 고정시키는 동시에 오른손으로 경호대상의 오른중팔을 잡아 당겨 뒤로 착지한다. 이때 또한, 3번과 같이 경호대상의 몸통이 지면에 닿지 않고, 자신의 몸통위로 착지하도록 유도해 주어야만 한다.

5. 후방낙호법 (전 겨드랑 삼각팔굽 낙호법)

Explanation

이 자세는 4번 상황과 동일한 상태에서 신속, 과감하게 경호대상을 끌어 안아 뒤로 넘어지는 기술로서 우선 이를 위해 경호하는 사람이 오른발을 경호대상의 양발사이로 크게 내딛는 동시에 왼손으로 경호대상의 손목이나 옷소매를 잡는다. 그리고 이어서 오른손을 세수도로 살려 경호대상의 왼팔 겨드랑이 사이로 찔러 넣어 'ㄴ'자가 되게 위로 올려 끌어 당겨 밀착되게 한 다음, 사진과 같이 발의 자세를 동일하게 취하여 후방으로 안전하게 착지한다. 이때, 또한 경호대상의 몸통이 지면에 직접 닿지 않도록 4번과 동일하게 자세를 취하도록 한다.

경호무술

(3) 측방낙호법설명 (예)   E X A M P L E

이같은 측방낙호법은 적의 피습방향이 전방 또는 측후방으로부터 공격에 있는 경우에 취하는 기술이다.

1. 측방낙호법– 수낙호법

Explanation-1

우선, 경호대상의 측면으로 붙어 왼손으로 경호대상의 뒷머리를 눌러 상체를 숙이게 하고, 오른손으로는 경호대상의 오른팔 겨드랑이 사이로 집어넣어 L자 자세를 유지하여 몸쪽으로 당긴다. 이때 동시에 왼손의 위치를 경호대상의 몸을 감싸 목과 머리를 보호한다. 다음으로 오른발을 사진과 같이 구부려 무릎이 지면에 닿게 한 상태에서 뒤로 착지한다.

Explanation-2

이 자세는 보행시 전후방에서 용의자의 기습적인 공격으로 부터 피하도록 한 다음 이어서 보다 안전을 유도하도록 후방으로 착지하는 기술이다. 이 기술은 사진에서 보는 바와 같이 경호하는 사람이 경호대상의 전측방으로 위치하는 동시에 경호대상의 뒤머리를 앞으로 눌러 목과 허리가 순간 숙여지도록 한 다음, 측면으로 돌려 이격시키는 동시에 후방으로 착지를 유도한다. 이때, 또한 발의 자세는 후방낙호법 자세와 동일하게 실시한다.

2. 측방낙호법 – 수낙호법

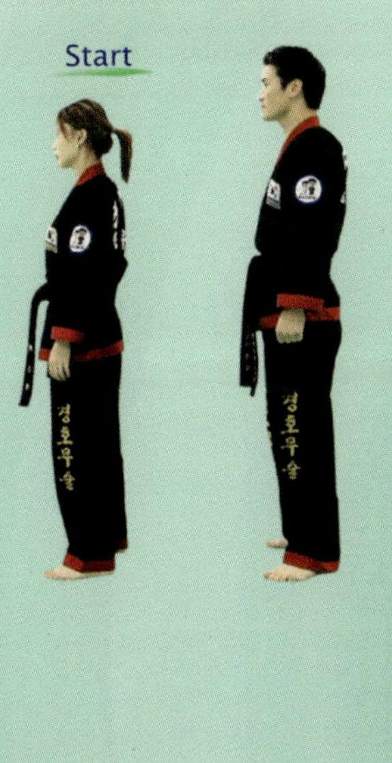

Explanation-1

왼손을 경호대상의 왼팔겨드랑이 밑으로 밀어 넣는 동시에 오른손은 사진과 같이 경호대상의 목 부위 쪽으로 밀어 넣는다. 이때 두 손과 팔을 동시에 오른쪽 방향으로 돌리며 상체가 숙여지도록 하고 지면에 몸통이 직접 닿지 않도록 끝까지 감싸 잡도록 한다.

이때, 중요한 점은 경호대상이 300° 이상 빠른 속도로 돌기때문에 특히, 주의하지 않으면 위험할 수 있다.

Explanation-2

이 자세는 경호대상의 전측방향에서 용의자가 기습적으로 공격할 때 안전할 수 있도록 측면으로 360° 완전하게 회전하는 동시에 사진과 같이 지면에 착지시키는 기술이다.

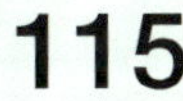

3. 측방낙호법– 수낙호법

Start

Explanation

이 자세는 경호대상의 전방향에서 용의자가 기습적으로 총이나 칼과 같은 무기나 흉기 등으로 공격하려는 순간 우선, 오른발을 경호대상의 왼발측면으로 밀착시키면서 왼손으로는 경호대상의 왼팔아래 부분을 붙잡고 오른손으로는 몸통을 감싸 잡듯이 허리부분을 당겨 상체를 앞으로 숙이게 하는 동시에 왼쪽으로 180° 각도 틀어 사진과 같이 착지하도록 한다.

이때, 중요한 기술이 경호대상의 왼발무릎과 허벅지가 자신의 오른발에 완벽하게 걸리도록 해야 하며, 착지하는 동안 경호대상을 잡은 손을 놓치지 않아야 한다.

4. 측방낙호법- 족낙호법

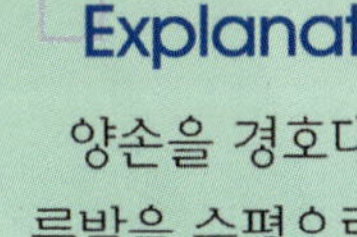

Explanation

　양손을 경호대상의 양어깨 부분에 사진과 같은 동작으로 신속히 잡은 다음 오른발을 수평으로 자세를 취하여 경호대상의 오른발 무릎뒤축을 밀어 밟아 상체를 낮추게 한 다음 동시에 상체를 지면에 완전히 착지하도록 유지한다.

　이때, 주의해야할 점은 경호대상의 무릎 뒤축을 밀어 밟는 각이 좌우측으로 틀어지지 않도록 해야 한다. 자칫 큰 부상이 따를 수 있기 때문이다. 그리고 이 기술은 용의자와 근접된 공간에서 사용할 수 있는 최상의 기술이라고 할 수 있다. 특히 용의자가 총이나 칼 또는 기타 흉기와 같은 무기로 경호대상자를 기습적으로 공격하려는 순간 매우 유용하게 사용될 수 있다.

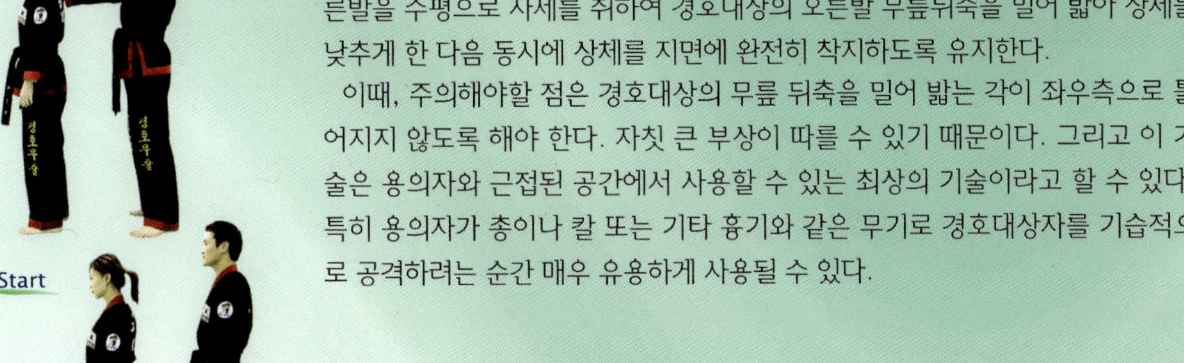

5. 측방낙호법 (수족낙호법)

Start

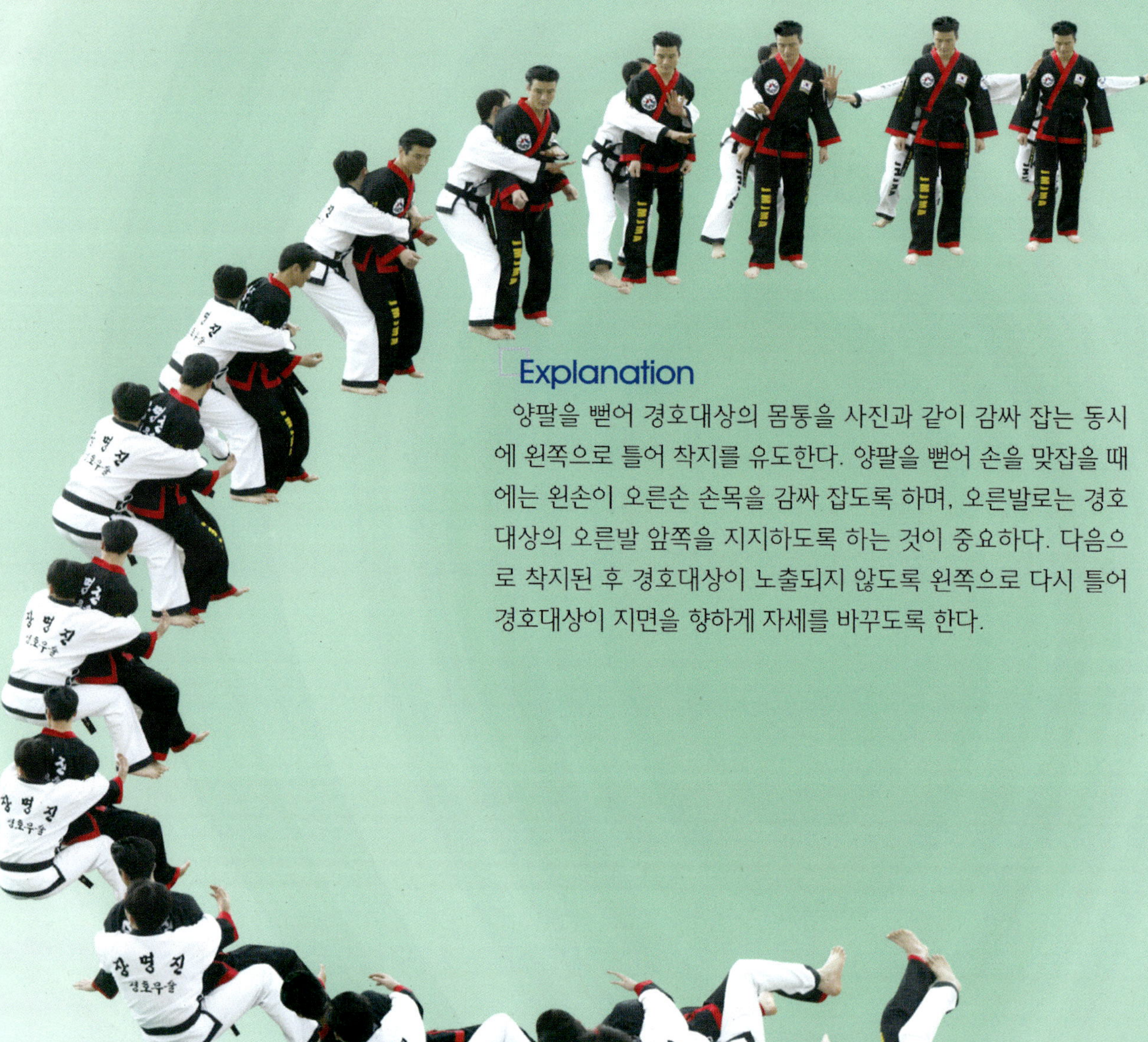

Explanation

양팔을 뻗어 경호대상의 몸통을 사진과 같이 감싸 잡는 동시에 왼쪽으로 틀어 착지를 유도한다. 양팔을 뻗어 손을 맞잡을 때에는 왼손이 오른손 손목을 감싸 잡도록 하며, 오른발로는 경호대상의 오른발 앞쪽을 지지하도록 하는 것이 중요하다. 다음으로 착지된 후 경호대상이 노출되지 않도록 왼쪽으로 다시 틀어 경호대상이 지면을 향하게 자세를 바꾸도록 한다.

Explanation-2

이 자세는 경호대상의 전측방향에서 용의자의 기습공격으로부터 피하고 보다 안전하게 하기 위하여 지면에 낮게 착지를 유도하는 자세로서 착지 후 제2의 공격으로 부터 경호대상을 재차 육탄보호하기 위하여 지면을 향하도록 몸을 돌려 감싸 보호하는 육탄 경호기술의 최상기술이라고 말할 수 있다. 이 기술은 실전에서는 매우 중요한 기술이지만, 이 기술을 익히기 위해 수련하는 과정에서 위험이 따를 수 있음을 경고한다. 따라서, 이 기술을 익힐 때에는 특히 주의를 살펴 연습할 것을 권하는 바이다.

9. 선 호 법

선호법

MEANING

선호법이란 경호대상 및 자신이 이미 지면에 착지된 상황이거나 가해져 오는 위험을 피하기 위하여 인위적으로 낙호법을 통해 착지된 상황에서 계속되는 2차, 3차 위험으로부터 경호대상을 보호하기 위하여, 신속히 경호대상을 일으켜 일어나는 자세로서, 이때 중요한 것은 착지의 반동을 이용하는 것이 훨씬 수월하며, 몸통과 사지를 적절한 방법으로

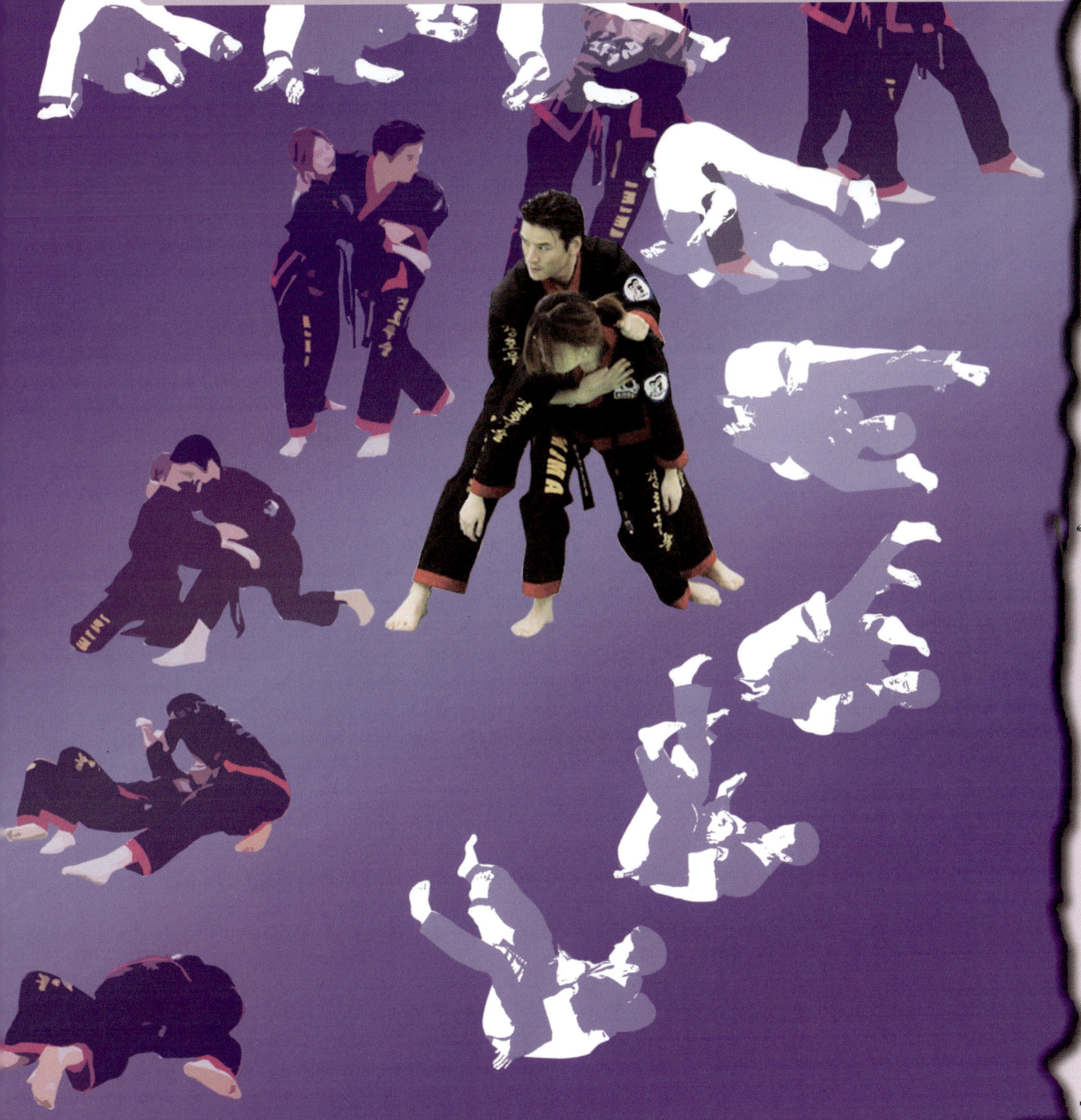

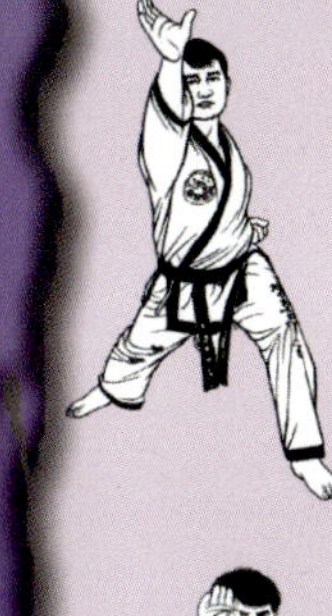

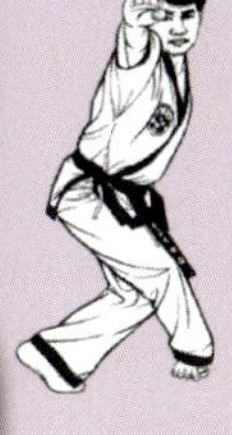

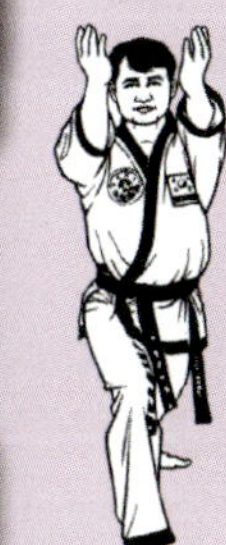

(1) 전방선호법설명 (예)　　　　　　　E N A M P L E

전방선호법이란 경호대상을 자신의 앞쪽으로 향하도록하여 겨드랑이, 팔, 허리, 몸통 등을 잡아 끌어올려 세우는 동작기술로서 동작이 가능한 간결하고 몸의 반동을 이용하여 스피드하게 일어나도록 해야 한다. 이때 중요한 점은 뒤쪽에서 공격하는 상대로부터 경호대상의 신체를 자신이 감싸 보호하면서 선호법자세를 취해야 한다는 사실이다.

1. 전방선호법

Explanation-1

우선, 경호대상의 팔과 목 부위를 사진과 같이 왼손은 팔을 잡고, 오른손으로는 목뒤축을 감싸 잡아 힘차게 경호대상의 몸안쪽으로 스스로 굴신과 일어나는 자세를 취하기 쉽도록 유도하며 들어 올려 일어선다.

Explanation-1

이 자세는 경호대상을 앞으로 굴신시켜 약간의 협조를 얻기 좋은 자세라고 할 수 있다. 보다 효과적으로 일으켜 세우기 위해서는, 경호하는 사람이 경호대상의 신체 높이만큼 가능한 자세를 신속히 낮추어 잡고, 이어서 사진과 같이 경호대상의 목뒤덜미 쪽에 오른팔을 뻗어 감싸 잡은 다음, 왼손으로는 경호대상의 손목 또는 소매 깃부분을 움켜 잡아 전상방으로 끌어올려 완전하게 일어나도록 한다.

(2) 후방선호법설명 (예)　　　　　E X A M P L E

후방선호법이란 전 방향에서 가해져 오는 상대의 공격으로부터 경호대상의 안전을 위하여 자신의 머리·등 뒤로 들어올려 넘긴 다음 일으켜 세우는 동작기술을 말한다.

1. 후방선호법

Explanation-1

누워있는 자세에서 신속하게 일어나기 위해서는, 경호대상과 경호원의 위치가 위아래로 바뀌어야만 한다. 자세를 신속하게 바뀌게 하려면, 경호대상이 오른발로 경호대상의 몸통을 감싸 사진과 같이 돌린다. 이때 중요한 점은 왼발을 'ㄱ' 자로 살려 힘을 지지토록 해야 하며, 목 부위를 잡은 팔을 동시에 돌리는 기술이 중요하다. 다음으로 왼손으로 목, 가슴 위치케 하고 오른손으로는 경호대상의 팔 안으로 몸통을 잡아 상체를 일으켜 세워 선다.

Explanation-2

이 자세는 경호대상이 의식이 없거나 사고판단력을 잃어 협조를 구할 수 없는 상태에서, 경호하는 사람 혼자만의 능력으로 신속하게 일으켜 세우는 자세라고 할 수 있다. 앞서 말한 바와 같이, 의식이나 사고능력이 순간없는 상태에서 일으켜야 하는 자세이기 때문에, 신체를 들어 올릴 수 있는 완벽한 자세가 요구된다. 우선, 경호하는 사람이 경호대상과 위치를 사진과 같이 바꾸며, 양손팔을 이용하여 목과 겨드랑이 사이로 집어 넣어 감싸 잡은 다음 힘차게 들어올려 세운다.

Start

121

2. 후방선호법

Explanation-1

엎어져 있는 자세에서 왼손으로는 경호대상의 팔을 잡고 오른손으로는 허리를 감싸 잡아들어 올린다. 이때 경호대상 스스로 일어나도록 유도하기 위하여 수직으로 들어 올려주는 자세를 취하도록 하여야 한다.

Explanation-2

이 자세는 사진과 같이 경호하는 사람이 의식이 있는 상태에서 허리를 잡아 들어 올려 세우는 동작이다. 보다 신속한 자세를 위해서는 가능한 경호대상이 일어나는데 협조해 줄 수 있도록 들어 올리는 각도와 높이를 순간 고려하여 자세를 취하도록 해야 한다.

특히, 경호대상의 호흡 타이밍까지 고려하는 것이 좋다. 호흡은 오른팔이 허리 복부를 감싸 잡고 있기 때문에 집중하면, 호흡을 느낄 수 있다.

Start

3. 후방선호법

Explanation-1

손을 경호대상의 양팔 겨드랑이 사이로 팔을 뻗어 넣은 다음, 'ㄴ' 자를 만들어 상체를 사진과 같이 들어 올린다. 이때 중요한 점은, 경호대상의 몸을 들어올리기 위한 안전한 자세유지가 그 무엇보다도 중요하다.

양발을 경호대상 중심으로 충분하게 벌려서 자세를 잡도록 한다.

Explanation-2

이 자세는 경호하는 사람이 경호대상의 양팔 겨드랑이 사이로 팔을 뻗어 'ㄴ' 자로 뒤에서 고정한다. 그리고, 좌우측 발을 충분하게 벌려 안정된 자세를 갖춘 다음 수직으로 끌어올려 몸을 일으켜 세운다.

Start

4. 후방선호법

Explanation-1

　경호대상이 위에 위치한 상태에서 곧바로 머리위로 굴려 경호대상과 위아래로 위치를 바꾸어 일어난다. 이때 주의할 점은 경호대상의 머리부분이 지면에 충격이 가해지지 않도록 약간 비스듬히 기울게 하여 구르게 하는 것이 필요하다. 그리고, 모든 동작이 끊임이 없도록 부드럽게 자세를 취하도록 한다.

Explanation-2

　이 자세는, 경호하는 사람이 경호대상 등쪽에서 양팔을 이용하여 허리 몸통을 감싸 잡은 상태에서 앞구르기 자세로 경호대상을 위로 향하게 한 다음, 사진에서는 일어서는 동작이 없지만, 이 자세를 이어서 그대로 경호대상을 일으켜 세운다. 이때, 중요한 것은 최초 앞구르기 자세를 동작이 끊임이 없도록 이어주어, 그 반동으로 일어나도록 한다.

(2) 측방선호법설명 (예)

측방선호법이란 위험방향에 따라 좌우측 측면으로 경호대상을 안전한 각도로 감싸 잡은 후 일
으켜세우는 동작기술을 말한다.

1. 측방선호법– 측전선호법

Explanation-1

우선, 경호대상과 위치를 바꾸어 경호대상을 잡아 당겨
일으키기 쉽도록 자세를 바꾸는 것이 중요하다. 따라서,
사진과 같이 오른발을 이용하여, 경호대상의 하체부분을
감싸 돌리는 동시에 , 오른손을 이용하여 경호대상 겨드랑
이 사이로 감싸 잡아 몸통을 돌려 자세를 바꾸어, 경호대
상을 몸쪽으로 힘차게 끌어당겨 일어선다.

Explanation-2

이 자세는, 경호대상의 몸이 경호하는 사람 가슴쪽에 위
치하여 올려 져 있을 때, 오른쪽 팔과 오른쪽 다리를 이용
하여 사진과 같이 왼쪽으로 틀어 경호대상의 위치가 바뀌
도록 한 상태에서, 경호대상의 허리와 손목부분을 잡아
일으켜 세운다. 이때 중요한 것은, 경호대상과 자세를 바
꾸는 동시에 일어나는 자세를 갖추는 기술이 특히 요구된
다.

Start

2. 측방선호법 – 측전선호법

Explanation-1

경호대상과의 위치를 사진과 같이 바꾼 후 경호대상의 팔과 목 부위를 감싸 잡아 일어선다. 이때, 경호대상 스스로도 일어날 때 협조할 수 있도록 유도하는 자세가 중요하다고 할 수 있다.

Start

3. 측방선호법 – 측전선호법

Explanation-1

오른발을 이용하여 경호대상의 몸을 돌려 위치를 바꾼 다음, 양손으로 어깨 잡은 다음 힘차게 끌어당겨 일어선다. 좀 더 자세를 원활하게 하기 위해서는, 경호대상의 무릎부분에 양발을 위치케 하여 지지하고 당기는 것이 중요하다고 할 수 있다.

Explanation-2

이 자세는 1번 및 2번과 같은 최초의 자세에서 사진과 같이 측면으로 발을 이용하여 돌리는 동시에 양어깨를 잡아 5번째 사진에서 보듯이 45° 각도로 당겨 상체를 일으켜 세운 다음, 곧바로 수직으로 사진과 같이 끌어올려 완전하게 일으켜 세우도록 한다. 이 동작은 경호대상과 어느정도 호흡을 맞추어 일어날 수 있다.

4. 측방선호법– 측후선호법

Explanation-1

경호대상이 누워있는 자세에서 사진과 같이 왼발을 돌려 위치를 바꾸고, 경호대상의 고관절부 위에 사진과 같이 무릎을 위치시킨 다음 오른 무릎을 펴 발을 내딛고 몸을 틀어 동시에 경호대상의 몸을 일으켜 선다.

Explanation-2

이 자세는 1,2,3번과는 달리 경호대상이 경호하는 사람 몸통위에 누워 있는 자세에서 왼발을 이용하여 오른쪽 측면으로 돌리는 동시에 허리복부와 어깨를 잡아 사진과 같이 올려 일으켜 세운다. 이때, 중요한 것은 왼발을 오른쪽으로 들어 올리는 동시에 일어서기 위한 자세로 곧바로 전환해 주어야 한다는 점이다.

Start

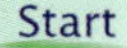

10. 호위낙선법

호위낙선법 MEANING

호위낙선법이란 경호대상 및 자신이 위험을 피하기위해 낙호법을 인위적으로 유도한 후 동시에 경호대상과 자신에게 가해져 오는 2차, 3차 위험으로부터 경호대상을 보호하기위하여, 경호대상을 신속히 일으켜, 자신과 동시에 일어나는 자세로서 이때 중요한 것은 착지의 반동을 이용하여 일어나는 것이 가장 중요하다.

(1) 전방호위낙선법 MEANING

전방호위낙호법은 경호대상을 자신의 가슴 쪽으로 위치케 한 다음, 경호대상을 일으켜 앞으로 동시에 일어나는 방법을 말한다.

(2) 후방호위낙선법 MEANING

후방호위낙선법은 뒤로 일어나거나 뒤로 굴러 일어나는 방법으로 이 또한 매우 힘든 동작이 된다. 특히 뒤로 굴러 일어나는 동작은 경호대상의 머리부분이 지면에 닿을 수 있기 때문에 매우 위험한 동작이 될 수 있으며, 꼭 필요한 경우를 제외하고는 의도된 낙선법은 피하도록 한다.

(3) 측방호위낙선법 MEANING

측방호위낙선법은 좌우로 자유롭게 일어나거나 굴러 일어나는 방법으로 경호대상을 가장 안전하게 그리고, 신속하게 자세를 취할 수 있는 동작으로 가장 많이 이용될 수 있는 후방호위낙선법이다.

(4) 호위응용낙선법 MEANING

일정한 자세나 각도없이 자연스럽게 그리고 신속하게 기본호위낙선법을 응용하여 취하는 동작이다.

1. 호위낙선법 (측방호위낙선법)

Start

2. 호위낙선법 (후방호위낙선법)

Start

3. 호위낙선법 (후방호위낙선법)

경호무술

4. 호위낙선법 (후방호위낙선법)

Start

5. 호위낙선법 (후방호위낙선법)

6. 호위낙선법 (후방호위낙선법)

Start

7. 호위낙선법 (측방호위낙선법)

Start

8. 호위낙선법(측방호위낙선법)

9. 호위낙선법 (측방호위낙선법)

10.호위낙선법 (전방호위낙선법)

139

호위대련법

1 호위대련법 체계(體系)

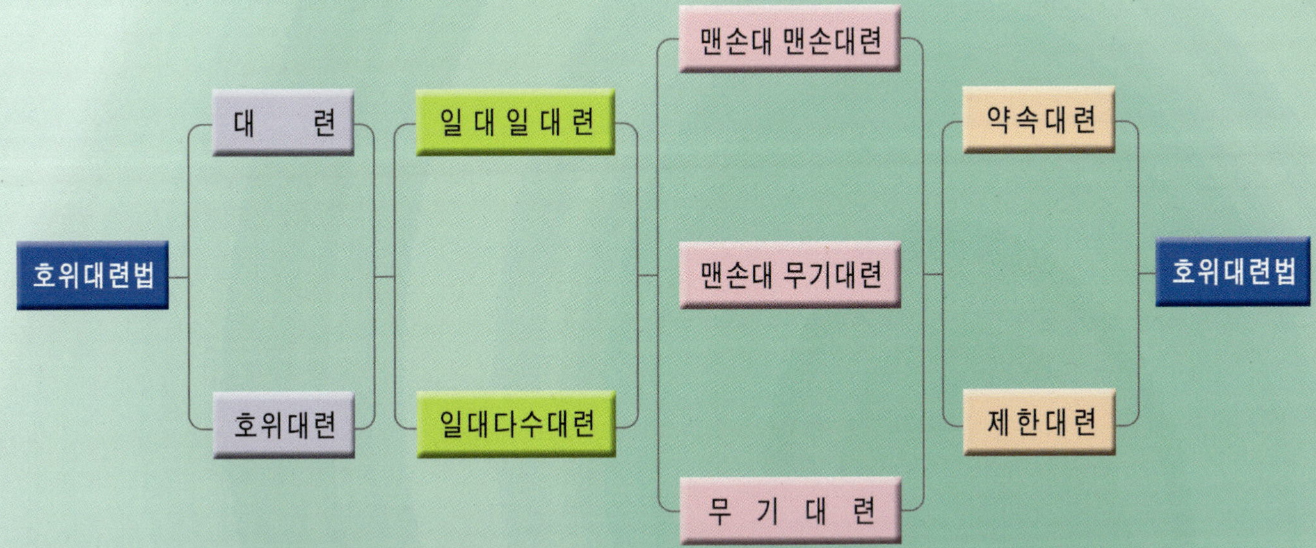

<< 호위대련법의 종류 >>

1. 일대일 대련법
2. 일대 다수 대련법
3. 무기대련법
4. 약속대련법
5. 제한대련법
6. 호위대련법
7. 호위무기대련법
8. 응용대련법

<< 호위대련법 >>

다양한 경호무술 체계를 통해 익힌 기술을 실무환경에서 적용되도록 하는 가장 효과적인 수련법의 하나로 일대일, 일대다수, 맨손대 무기, 무기대무기, 호위대련 등의 단계로 수련단계를 높여 최적의 실무능력을 배양하도록 체계를 만든 것이 호위대련 체계이다.

경호무술

대련시상대의약점

대련시상대의약점

대련전환선법스텝

대련공격기술

대련방어기술

대련견제기술

경계사격자세

경계사격자세

경계사격자세

호위대련법

호위대련의 의의 M E A N I N G

경호대련이란 경호환경에서 일어 날 수 있는 맨손공격 무기공격 다수인에 의한 물리적 공격수단으로부터 대응할 수 있는 실직적인 훈련방법의 하나다. 경호대련의 기본은 일반 대련과 유사하다. 그러나 경호대련 공격수단과 방법 그리고 다수인에 의한 동시공격에 대비한 훈련의 방법이 일반대련과 크게 다르다고 할 수 있다.

대련의 의의 M E A N I N G

대련의 일반적인 의미는 짝을 지어 약속에 의한 겨루기 단련을 한다는 뜻으로 풀이된다. 즉 상대의 공격과 자신의 방어 그리고 자신의 공격과 상대의 방어에 대한 모든 상황을 예견하고 공격과 방어등을 실제로 하지 않으면서 단련(훈련)하는 것으로 실제상황에 가장 근접한 훈련법이다.

따라서, 아무리 대련이라고는 하지만 실제상황과 매우 흡사하기 때문에 대련하는 사람들의 주의가 크게 요구된다. 경우에 따라서는 골절상과 같은 큰 부상 등을 입을수도 있다.

대련의 기본 B A S I C

대련은 실전이다라는 정신자세가 기본이 되어야 한다. 이 같은 정신자세가 없다면 대련 수련의 의미가 없다고 할 수 있다. 그리고 공격과 방어에 있어서도 상대방이 이 같은 정신자세가 준비되었는지 확인해 보아야 한다. 만약 상대방이 정신자세가 되어 있지 않다면 상대방과 대련 수련을 할 필요가 없다. 서두에 말해 두었듯이 대련은 실전과 같이 해야하는 수련법이며 이에 따른 위험이 크기 때문에 부상의 위험이 뒤따른다.

또한, 상대방에 의하여 자신이 잘못된 수련법을 익히게 되기 때문이다.

대련 수련단계 S T E P

대련 수련은 다양한 단계로 나누어 수련단계를 높여갈 수 있다. 처음에는 실력이 낮은 상대와 시작하여 점진적으로 실력이 나은 상대로 높여가야 하며, 맨손대련에서 무기술 대련순으로 높이고 다음으로는 호위대련 순으로 그 단계를 높여가며 대련수련을 높여 가는 것이 좋다.

구 분	내 용
1단계	일대일 수련단계에서 시작해 이대일 단계로 높이고 일대다수단계로 높여간다.
2단계	무기대련 단계로 시작하여 1단계와 같이 다수단계로 높여간다.
3단계	호위대련으로 시작하여 2단계와 같이 무기 호위대련 단계로 높여간다.

143

대련을 잘 하려면 몇 가지 기본 원칙이 있다.

1. 상대를 두려워하지 마라
2. 상대방을 얕 보지 마라
3. 상대방이 두려워하는가를 확인하라
4. 상대방이 공격형인가 아니면 방어형인가를 확인하라
5. 수족중 어느 것을 더 많이 사용하는가를 확인하라
6. 잡기술식 밀착형인지 아니면 떨어져 하는 타격형인지를 확인하라
7. 공격은 과감하게 하며 지속적으로 하라
8. 공격시에는 치기 차기와 같이 타격 위주로 하라
9. 공격시에는 급소 또는 관절의 약점을 중심으로 공격하라
10. 급소 또는 관절의 약점을 공격 할 때에는 단수로 승부하라
11. 방어시에는 지연전을 구사하라
12. 체형이 마른 상대와는 잡기술로 밀착 공격하라
13. 체형이 큰 상대와는 타격형으로 공격하라
14. 상대가 자신보다 실력이 나은 경우에는 지연전을 구사하라
15. 가능한 상대방을 코너에 몰아 넣어 공격하라
16. 가능한 높은 지형에 위치하여 상대하라
17. 상대방이 자주 사용하는 스텝을 읽어라
18. 공격할 때에는 상대방의 스텝이나 몸놀림을 일치시켜라
19. 방어 할 때에는 상대방의 스텝이나 몸놀림과는 다르게 하라.
20. 상대의 공격 유형에 따라 맞받아 역습으로 공격을 하라
21. 공격 목표에 대한 공격 우선 순위를 정하여 공격하라
22. 공격 시에는 무릎을 구부린 상태에서 시작되어야 한다.
23. 공격 시에는 상대로부터 순간 시선을 피한다.
24. 방어 시에는 상대로부터 시선을 놓치지 않는다.
25. 다수와 상대 할 때에는 가장 약한 상대를 우선 선별 공격하라
26. 다수와 상대 할 때에는 최초 공격대상자 위주로 공격하라
27. 다수와 상대 할 때에는 가장 강한 상대를 주 방어상대로 하라
28. 다수와 상대 할 때에는 밀착형을 피하고 타격위주로 상대하라
29. 다수와 상대 할 때에는 반대로 벽면과 같은 코너를 이용하라
30. 다수와 상대 할 때에는 체력소모를 최소화 할 수 있는 동작만을 구사하라
31. 다수와 상대 할 때에는 지연전을 피하라
32. 무기를 든 상대를 상대할 때에는 일정한 거리를 유지하라

33. 무기를 든 상대를 상대할 때에는 방어위주로 하라
34. 무기를 든 상대를 상대할 때에는 치기 찌르기 베기등을 주의하라
35. 무기를 든 상대를 상대할 때에는 치기 찌르기 베기외로 발차기에 유의하라
36. 무기를 든 상대의 공격은 방어공격의 기회로 삼아라
37. 무기를 든 상대는 스텝과 몸놀림이 느리다. 따라서 빠른스텝과 몸놀림으로 상대하라
38. 호위 대련시에는 방어위주로 하라
39. 호위 대련시에는 경호대상과 밀착시켜라
40. 호위 대련시에는 경호대상의 스텝과 일치시켜라
41. 호위 대련시에는 타격위주의 공격을 하라
42. 호위 대련시에는 한손으로 경호대상을 잡아라
43. 호위 대련시에는 상대가 경호대상을 직접 공격시 몸으로 밀쳐, 잡아당겨 보호 하라

대련 발 서기자세

대련시 발서기자세는 매우 중요한 요소로서 작용한다. 아무리 우수한 공격 기술을 갖고 있다고 해도 어떤 자세에서나 적용할 수 있는 것은 아니기 때문이다. 즉 자신이 의도하는 기술을 적용하려면 우선 공격이나 방어에 유리한 발서기를 갖추어야만 하기 때문이다. 즉 발의 각도 보폭 몸의 중심이동 그리고 몸의 높 낮이에 따라서 상대를 유리하게 또는 불리하게 상대할 수 도 있기 때문에 대련시 발서기 자세는 매우 중요하다고 할 수 있다.

대련 손 세워 자세

대련시 손의 자세 또한 매우 중요한 요소로서 작용한다. 아무리 우수한 공방 기술을 갖고 있다고 해도 어떤 손의 자세에서나 모든 기술을 적용할 수 있는 것은 아니기 때문이다. 즉 자신이 의도하는 기술을 적용하려면 우선 공격이나 방어에 유리한 손의 자세를 갖추어야만한다.즉 손의 모양, 팔의 각도, 몸의 중심이동 그리고 손의 높 낮이에 따라서 상대를 유리하게 또는 불리하게 상대할 수도 있기 때문에 대련시 손의 자세는 매우 중요하다고 할 수 있다.

대련 기합소리(氣合疏履)

소리는 일종에 음파다. 이 음파는 공중에 진동되어 멀리간다. 이 같은 음파는 사람의 청각에 전달되면서 물리적 충격파로 작용도 하며 심상에 커다란 요동으로도 작용시킨다. 따라서 소리를 잘 이용하면 상대방을 물리적으로 공격하지 않고도 제압 할 수도 있다. 이것에 더해 기합을 합쳐 기합소리를 내면 모든 기법에 완숙이 더해질 수 있다. 대련에 있어서 기합소리는 매우 중요한 역할을 하는데 그 역할은 바로 상대방의 마음을 기선 제압하는 탁월한 역할을 한다는 사실이다.

소리의 높 낮이 굵고 얇음 길고 짧음에 따라서 상대방의 심상을 자극할 수 있다. 또한 자신의 심상을 강하게 또는 평온하게 할 수도 있다. 이같이 자신이나 상대방에게 이롭게도 불리하게도 사용할 수 있는 것이 기합소리인 것이다. 단순히 심리적인 요인으로만 작용하는 것은 또한 아니다. 소리를 내면서 호흡을 하게 되는데 이 호흡조정으로 신체동작의 자연스러움과 강함을 더해 줄 수도 있다. 따라서 호흡법을 통해 기를 생성하여 모으는 효과를 더해 힘을 집중 할 수 있는 것이다.

이처럼 기합소리는 무형적인 존재이기는 하지만 대련시에는 없어서는 안될 중요한 요소로서 작용되는 것이다.

대련 기합소리(氣合疏履)의 형태

- 아아, 야아, 야얏, 아야, 야차, 아야차
- 어이, 어어, 여어, 에잇, 에엑, 으, 익, 이이, 잇
- 시이, 사, 샤아, 샤얏, 샷, 쉬이, 사아, 싸아, 시익
- 히이, 흐으, 허이, 힛, 확, 휘익, 하이
- 카아, 캇, 커어, 크으, 카아, 키익, 큭, 큐우
- 차아, 척, 추우, 축, 치이, 취이, 착

대련 기합소리(氣合疏履)의 효과

① 기합소리를 깊고 짧게 내면 동작을 신속하게 하는데 도움이 된다.
② 기합소리를 천천히 굵게내면 특정한 곳에 강하게 힘을 집중시키는데 도움이 된다.
③ 기합소리를 천천히 가늘게 내면 마음을 추수리는데 도움이 된다.
④ 기합소리를 가늘고 짧게 내면 냉정함을 찾게 해 주는데 도움이 된다.
⑤ 크고 짧은 기합소리는 반사의 행동을 갖추는데 도움이 된다.
⑥ 낮은 소리에서 높은 기합소리를 내면 특정한 곳을 집중하는데 도움이 된다.
⑦ 높은 소리에서 낮은 기합소리를 내면 비장함을 더해주는데 도움이 된다.
⑧ 큰소리로 짧게 그리고 낮고 길게 기합소리를 내면 통증을 덜어주는데 도움이 된다.
⑨ 기합소리를 큰소리에서 낮게 굵고 얇게 하면 평형감각을 유지하는데 도움이 된다.

⑩ 기합소리를 굵고 길게 내면 무거운 것을 들을 때 도움이 된다.
⑪ 가늘고 길게 기합소리를 내면 몸을 빠르게 하는데 도움이 된다.
⑫ 굵고 강하게 기합소리를 내면 집중된 상대의 마음을 흐트리는 효과를 얻을수있다.
⑬ 낮은 기합소리로 천천히 높게 소리를 내면 자신의 기운을 돋울 수 있다.
⑭ 낮은 기합소리로 굵고 길게 소리를 내면 상대방의 기운을 뺄 수 있다.

대련 4수 제압

대련4수 제압은 각각의 제압수준이 요구되는 상황하에서만 취하도록 해야 한다. 그러나 술기 미숙 또는 자신의 심상조정력을 잃게되면 4수 제압능력을 상실하게 된다. 이점에 특히 주의하도록 해야한다.
- 기선(機先)만으로 제압
- 폭력(暴力)만으로 제압
- 상해(傷害)만으로 제압
- 살상(殺傷)으로 제압

공격의 3대 부위(급소, 약골, 관절)

공격 3대부위(급소, 약골, 관절)는 누구에게나 취약한 약점이 된다. 따라서 상대를 공격할 때에는 무작위로 공격하기 보다는 노출된 상태의 약점을 정확히 공격하도록 한다.

대련오감심상법

오감심상법은 시각 청각 미각 촉각 후각등의 신체오감과 마음으로 느끼는 직감(直感) 즉 내외공감(內外共感)을 잘 소통되게 하는 수련법으로 오감심상법을 익혀야만 상대를 읽고 느낄 수 있으며 대련에서 이길 수도 있다. 따라서 이같이 초감각 훈련을 익히도록 수련해야만 한다. 무술은 싸움기술로 수련의 한 방법으로 대련수련법을 갖는다. 아무리 기초가 잘 훈련되어 있다고 하더라도 실전에 적용될 수 있도록 하려면 대련수련법을 통해야만 익힐 수 있는 부분도 있다.

특히, 공방의 시점과 행동은 오감심상법과 같은 초감각 수련은 많은 대련경험을 통해서만이 얻을 수 있다고 할 수 있다.

예르 들어 눈빛, 얼굴 빛, 근육의 움직임, 호읍, 손의 동작, 발의 자세, 몸의 중심, 발의 스텝 등을 보고 상대방의 공방을 판단하고 공방의 시점공방의 기술유형 등을 예측할 수가 있다. 따라서 예측된 정보에 의하여 공방기술을 적용할 때 상대방의 능력을 진정으로 능가할 수 있다.

대련훈련을 통한 심리훈련

대련을 통한 심리훈련은 무술본질에 가장 가까운 심리훈련이라고 할 수 있다.

가상한 상대를 놓고 다양한 공방기술을 체득하는 훈련을 한다고 해도 어디까지나 자신이 설정한 가상 상황이기 때문에 자신의 의식과 전혀 다른 상대방의 의식과 행동에 따른 훈련상황에 근접한 수련은 되지 못한다고 할 수 있다.

특히, 가상적인 상태는 행동으로 노출된 상대의 모습일 뿐 의식은 아니다. 상대를 싸움에서 이길려면 먼저 행동으로 노출되어 있는 상대의 모습이 아니라 행동이 있기 전 상대의 의식을 알아차려야 한다는 사실이다.

상대의 행동은 반드시 행동의 원인이 있으며, 그 원인은 상대의 상대인 나 자신에게서 그 원인 즉 동기가 된다.

이같이 상대성의 원리에 따라 공방의 심리적 처세술이 혼용되어 나타나게 되는데 이 나타나는 처세술이 상황이나 상대 또는 개인의 성격과 능력에 따라 다르게 나타나기 때문에 많은 상대와의 대련훈련이 실전능력을 배가시켜 줄 수 있는 유리한 수련법이 된다고 할 수 있다.

특히나 어떤 사람이든 자신에 대한 심리조정력이 있다 하지만 환경과 타인에 의하여 본인도 모르게 지배당하는 경우가 적잖이 많다고 할 수 있다.

그럼 이같은 현상은 왜 일어난다고 할 수 있는가?

심리학자에 따라 철학자에 의하여 다양한 주장이 있지만 위험이라는 존재는 곧 공포를 의미하며, 공포는 안전이라는 심리적 보호본능에 의하여 신체적 반응 즉 행동으로 나타나게 된다. 그러나 위험에 대한 강도에 따라서는 순간 또는 찰나에 모든 과정이 시작되고 끝이 난다. 이런 과정에서 나온 결과를 통해 시기적절한 상황대처였는가를 판단하게 되는데 판단의 결과가 기준이 되는 것이 아니라, 심리적 판단과정이 결과를 어떻게 이르게 했는지가 핵심을 이룬다는 사실이다.

다시말해 공격이든, 방어이든 심리적 판단에 의한 행동과정으로 보고 심리적 반사능력이 대련의 핵심이라고 할 때 심리적 요소를 강화시킬 수 있는 요소가 무엇인지를 말하고자 한다.

우선 대련이든 실전에서 요구되는 싸움이든 가장 중요한 점은 강한 승부욕이다.

모든 조건이 상대보다 열악한 상황에서도 개의치 않는 자세다.

다음은 불안 공포심을 잊는 것이다. 그리고 심리적 약점을 상대방에게 노출시키지 않는 것이다.

이길수 있는 상대는 과감하게 기술적 선제공격을 가하고 버거운 상대는 기합을 이용한 심리적 선제공격을 가한다.

이같은 원칙에 의하여 상대와의 대련을 통해 수련해 나아간다.

대련훈련을 통한 심리 훈련이란 실전에서 오는 위험으로부터 불안, 공포심리를 버리고 상대방을 심리조정하여 상대를 쓰러뜨릴 수 있는 심리기술 능력을 갖도록 훈련하는 것이다.

대련시 상대의 약점

대련시 상대 또한 거의 완벽하게 자신의 안전을 위해 방어 자세를 유지하며 상대의 약점을 노려 공격한다. 그러나 정신력이 아무리 강하고 기술이 뛰어난다고 하더라도 잠재된 능력을 필요시기에 잘 활용을 못하면 지게 된다.

대련시 상대의 약점을 알아차리는 유형은 다음과 같다고 할 수 있다.

(1) 기합소리

상대가 자신의 기합소리에 둔감하거나 너무 예리하게 반응하면서도 실질적인 행동에서는 이와 일치되지 않는 경우다.

즉, 심리적으로 위축되어 행동에 장애를 갖고 있다는 뜻이 된다. 다시 말해 근육이 지나치게 긴장되었다고 할 수 있으며, 이런 경우 선재공격이 상당한 효과가 있다고 할 수 있다.

(2) 호흡

상대의 호흡이 가늘거나 거친 경우 평형감각이나 기력을 발휘할 수 없다.

특히, 신체방어 능력이 떨어져 신체에 직접 가해지는 치기나 차기에는 큰 충격이 가해질 수 있다.

호흡은 항상 일정해야 하며, 특히 몸놀림 또는 전환선법과 같은 스텝과 일치되어야만 한다. 그러나 이와 같이 불규칙한 호흡이 유지될 때에는 반드시 약점이 된다.

(3) 자세

자세는 단적으로 정신력과 체력을 말해준다. 바른자세를 잃고 있다는 것은 정신적으로나 신체적으로 상당히 지쳐있다는 것을 의미한다.

특히, 바른 자세가 아닌 경우에서는 공격의지가 없다는 것을 말한다.

따라서, 방어보다는 적극적인 공격을 펼치는 것이 유리하다.

(4) 리듬

모든 신체리듬은 공방유형에 따라 강약이 있다.

그런데, 이같은 리듬에 강약이 없을 때 상대방은 제 페이스를 잃고 있다는 것을 의미한다. 따라서, 자신이 상대를 보다 적극적으로 리드해 나갈수 있는 호기가 된다.

특히, 리듬감을 리드할 경우에는 상대가 자신에 홈링에 빠져 있다고 안심해도 좋다.

(5) 타이밍

대련에는 공격과 방어라는 큰 두가지 기술이 있으며, 자신이 공격할 때에는 상대가 방어하고 상대가 공격할 때에는 자신이 방어하는 기술을 사용한다.

그러나, 공방에 필요한 기술적용의 타이밍이 적절하지 않은 경우에는 불리하게 된다. 즉, 모든 기술에는 사용할 기술이 있으며, 적용할 기술의 타이밍이 있다는 사실이다.

대련상대의 유형

사람은 누구나 자기방식의 훈련법에 의하여 체득한 습관이 있다.

물론 기술이라는 차원보다는 사람마다 가지고 있는 특징이라고 할 수 있다.

심리적으로 공격적 성향을 보이면서도 신체적인 행동으로는 방어적 유형이 있는가 하면 공격적 성향으로 보이지 않는데 신체적 행동은 공격적인 유형도 있다.

그리고 ,이 두가지 사람의 유형이 혼용된 경우도 있다.

또한, 처음부터 일관되게 공격하는 유형도 있으며, 그 반대의 유형도 있다.

이같은 유형은 본성에 의한 것도 있으며, 훈련에 의한 경우도 있다. 중요한 점은 이같이 다양한 유형의 상대를 어떻게 알아차리고 또 유형에 맞는 대련을 리드해 나아갈 것이냐 하는 것이다.

어찌되었든 대련에서는 사람마다 서로 다른 유형을 알기 위해서는 상대방을 관찰하는 습관이나 태도가 중요하다는 사실이다.

상대가 일관된 공격유형을 보이는 경우에는 가능한 지연전을 통해 상대의 체력이 자연 소진되도록 유도하며, 공격력을 떨어뜨리게 한 이후 일격 필사의 자세로 상대방을 쓰러뜨린다.

처음부터 방어위주의 상대유형에 대해서는 지나친 산발적인 공격보다는 상대의 허점을 노려 일격필사의 공격으로 상대를 쓰러뜨린다.

집중력이 강한 상대에게 고도의 심리전술을 이용하는 것이 유리하며, 심리전술이 강한 상대와는 조기 종료를 유도할 수 있는 선제공격이 보다 유리하다고 할 수 있다.

대련 선 공방기술

대련은 어찌되었든 치고, 차고, 찌르고, 던지고하는 등의 기술을 이용하여 상대를 쓰러뜨려야 한다.

이러한 기술은 물론 상황에 따라 적용하는 기술이 달리지기는 하겠지만 일정한 선공방 기술이 요구된다.

잡거나 잡혔을 경우에는 손발로 치거나, 걸거나, 던지는 기술이 사용되고 손이 닿는 거리에서 상대할 경우에는 손기술을 이용 치기를 집중하는 것이 유리하다.

그리고 손이 닿지 않는 경우에서는 발을 이용해 원거리에 있는 상대방을 차기술로 공격하는 것이 보다 효과적이다.

또한 공격시에는 직선공격과 곡선공격법으로 접근하는 것이 좋은데, 직선공격법은 상대의 허점이 정면으로 노출된 경우에 효과적이며, 곡선공격은 측면에 허점이 노출된 경우에 효과적이다. 직선공격시에는 자신의 측면이 약점으로 노출될 수 있는 단점이 있으며, 측면공격시에는 자신의 정면이 약점으로 노출될 수 있는 단점도 있다.

따라서, 직선공격시에는 최초자세로 낮게 취하는 것이 좋으며, 공격시에는 중상단 위주로 상대를 공격하는 것이 좋다.

곡선공격시에는 지나친 낮은 자세는 오히려 약점이 될 수 있기 때문에 곡선이동이 유리한 전환선법스텝과 같은 자세를 유지하는 것이 바람직하다.

방어시에는 손기술을 주로 이용하여 신체의 균형을 잃지 않도록 하는 것이 유리하며, 공격시에는 손발 즉 사지를 자유롭게 하여 집중공격하는 것이 보다 효과적이다라고 할 수 있다.

대련공격의 기회

모든 공격에는 기회가 있다. 이 기회를 놓치게 되면 그 공격의 효과가 아주 미미하다. 따라서 공격의 기회는 가능한 놓치지 말아야 한다.

공격의 기회는 상대방의 자세나 움직임에서 감지할 수 있다.

즉, 상대방이 공방의 타이밍을 갖지 못하는 순간이나 공격이나 기세에 눌려 뒷걸음치는 순간 또는 방향전환을 하며 발이 교차되는 순간, 자세를 크게 높이거나 낮게 취하는 순간, 호흡을 깊게하기 직전의 순간, 눈을 감는 순간, 자세를 바꾸는 순간, 한눈을 파는 순간 또는 집중력이 떨어지는 순간, 신체균형이 불안정한 순간등이 그 예로 들 수 있다. 이처럼 공격기회의 순간은 언제나 누구에게나 존재한다.

다만, 이같은 약점은 공격기회로 삼아 공격 할 수 있느냐 하는 점에서 대련이나 실전에서 이길 수 있는가 하는 점이 달라진다고 할 수 있다.

대련과 임계거리

상대와 대련 중 임계거리는 심리적, 물리적으로 매우 중요한 요소로서 작용된다.

아무리 빠른 치기, 차기를 구사한 들 상대방에게 닿지 않거나 그 반대로 너무 가까워 제대로 팔이나 다리를 뻗지 못하여 힘을 표출시키지 못한다면 상대는 아무런 충격을 받지 않게 될 것이다. 따라서 적당한 거리 유지는 상대방의 신체약점이나 다양한 치기, 차기와 같은 자세익히기 못지않게 중요한 요소라고 할 수 있다.

대련은 상대와 마주보며 하는 수련법으로서 자신과 같이 상대도 보다 유리한 공격과 방어를 위해 일정한 스텝과 거리유지를 한다는 것이 말처럼 쉽지만 한 것은 아니다. 일정한 거리유지를 위해서는 상대방의 움직임에 자신이 맞추는 방법과 반대로 상대방의 움직임을 자신에게 맞추도록 유도하는 방법이 있는데 이 두가지 유형을 적당히 혼용하는 방식이 보다 더 유리하다고 할 수 있다.

이같이 유리하게 작용되는 장점이 자신이 아닌 상대방이 취하여 단점이 될 수 있다는 점을 또한 간과해서는 안된다.

앞서 말한 바와 같이 대련시에 임계거리는 전체 공방기술에 결정적인 요소로 작용될 수 있음을 반드시 기억해 두어야만 한다.

특히, 물리적 임계거리는 심리적 임계거리와 같은 것으로 동시 작용되는 특징이 있기 때문에 상대의 완벽한 방어자세로 인하여 그 허점이 보이지않을 때 허점을 유도하는 심리전술로 이용될 수도 있다

1. 잡 기(조르기)

2. 치 기

3. 차기

경호무술

4. 꺾기

5. 던지기

경호무술

6. 무기

7. 다수대련
경호무술
GUARD MILITARY

대련전환선법 스텝(예)

대련에서는 일대일, 일대 다수, 맨손대 무기와 붙어있는 경우, 떨어져 있는 경우에 따라서 치기, 차기, 꺾기, 던지기, 긋기, 찌르기, 제압기, 제압해제기, 막기, 잡기 등 다양한 기술의 공방이 일어나게 된다. 이때 상대와 거리, 각도, 속도에 따라 성패가 크게 달라지며, 대련시 전환선법 스텝을 상황에 따라 적용할 수 있는 견제스텝, 방어스텝, 방어견제스텝, 역습스텝, 공격스텝, 역습방어스텝 등으로 구분하여 체현하느냐에 따라 그 결과로 나타난다. 다음과 같이 대련전환선법스텝을 예로 소개한다.

1. 견제스텝

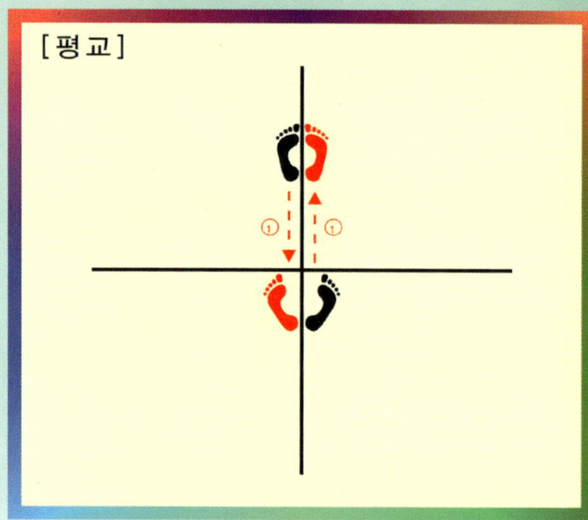

[평교]

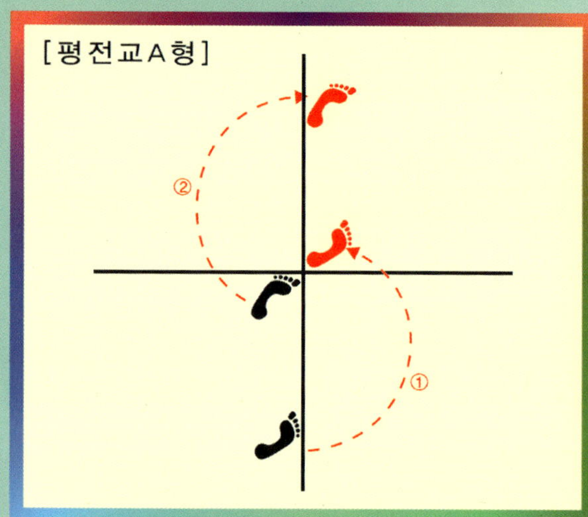

[평전교A형]

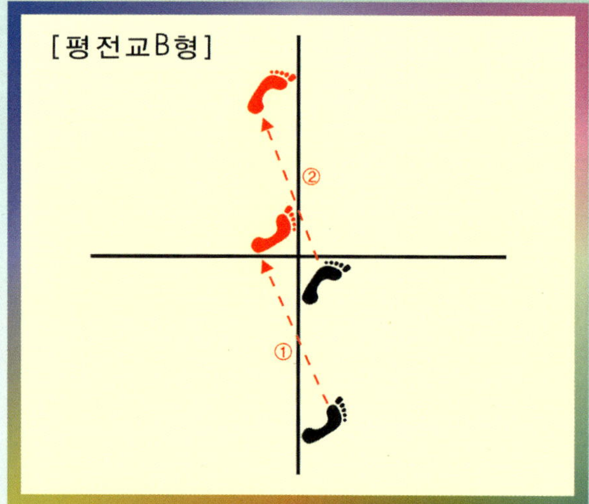

[평전교B형]

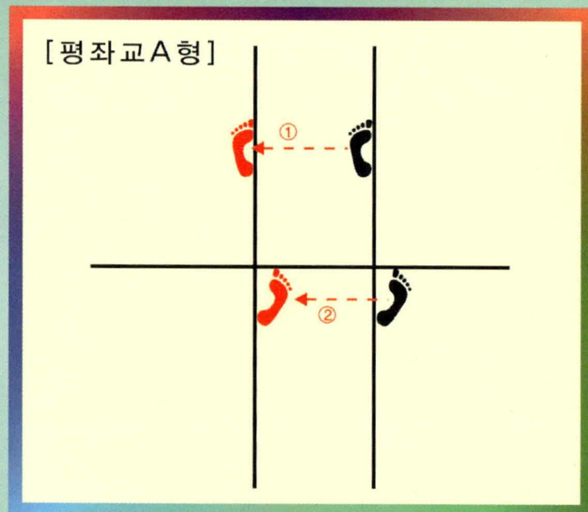

[평좌교A형]

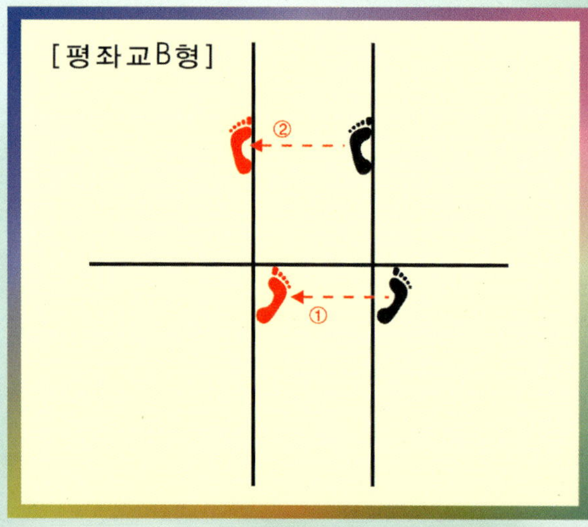

[평좌교B형]

2. 방어스텝

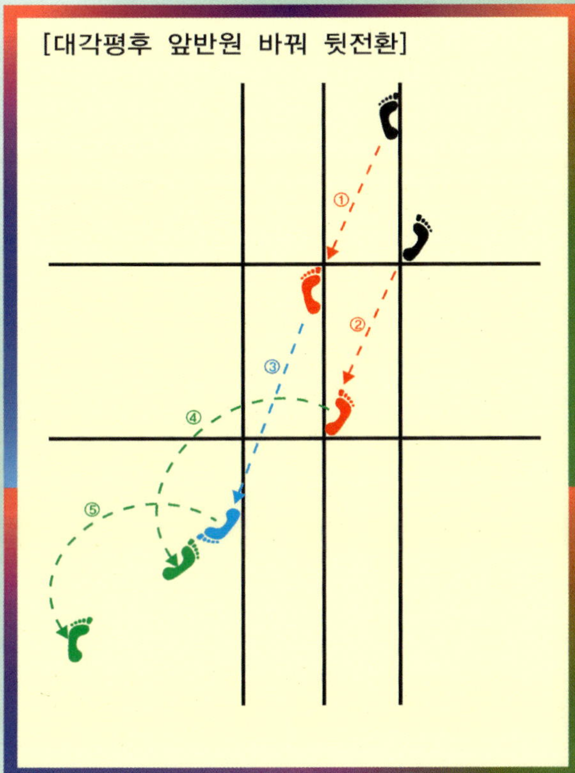

[대각평후 앞반원 바꿔 뒷전환]

[후방대각평후]

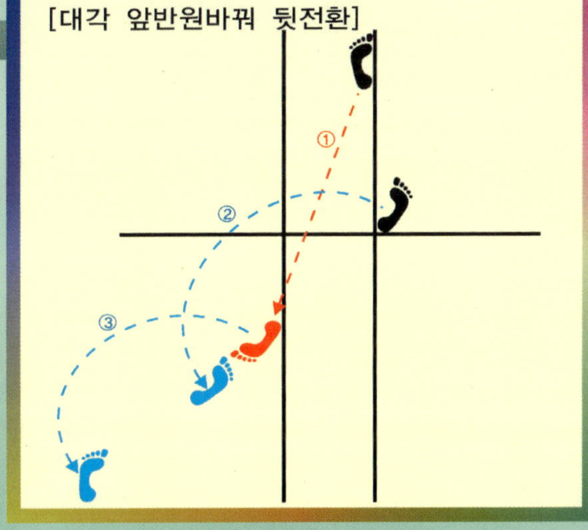

[대각 앞반원바꿔 뒷전환]

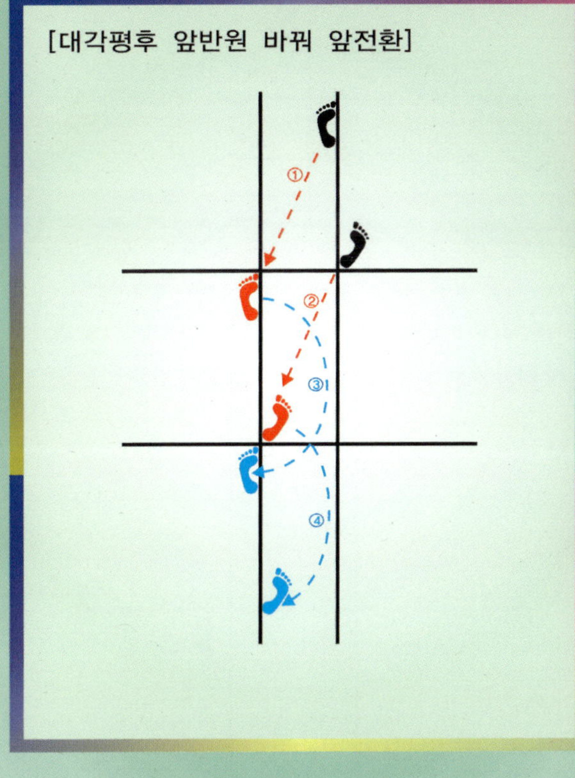

[대각평후 앞반원 바꿔 앞전환]

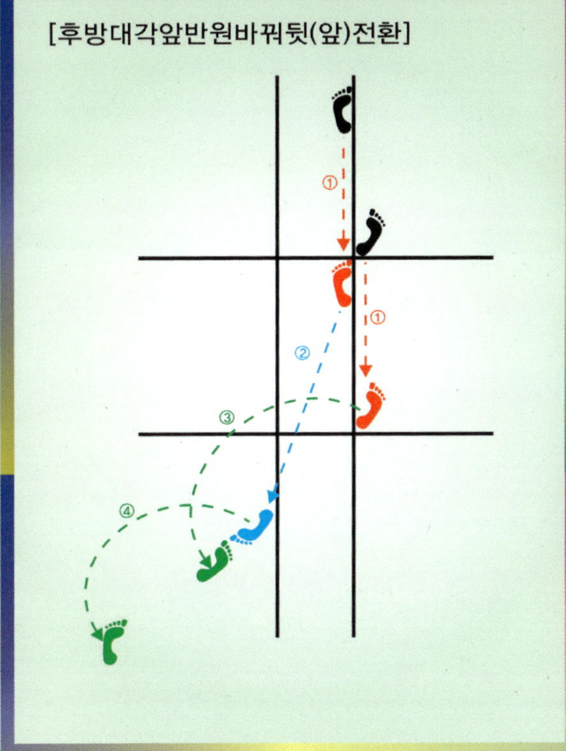

[후방대각앞반원바꿔뒷(앞)전환]

3. 방어견제스텝

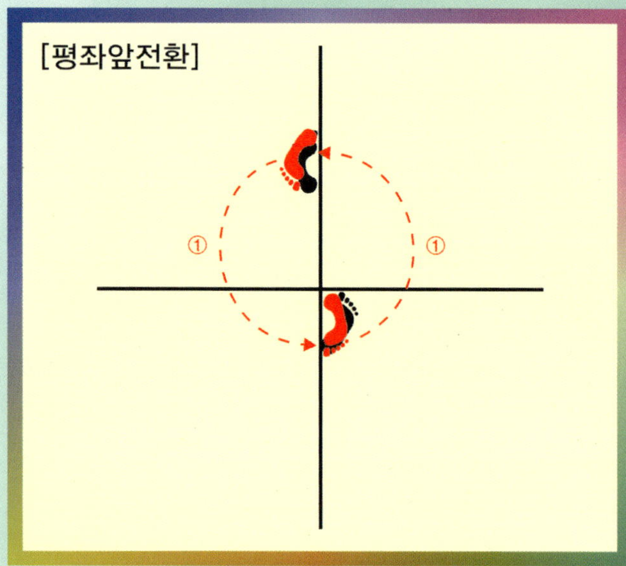

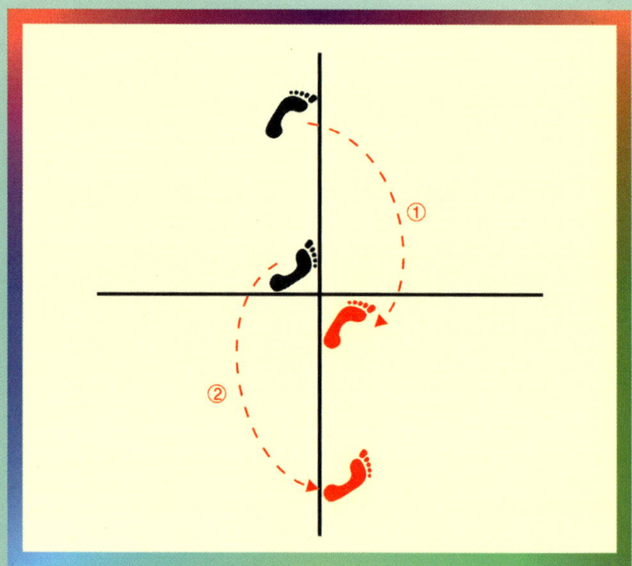

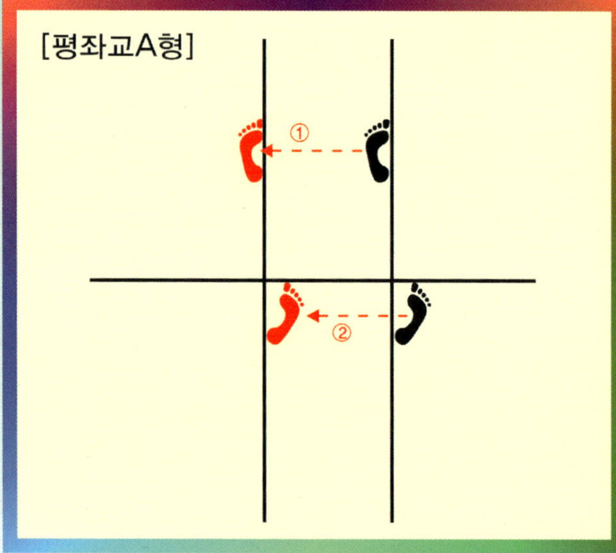

4. 역습스텝

[대각반원 뒷전환 앞반원바꿔 앞전환]
④
③
②
①

[후방반앞전환]
①
②
①
②

[반원뒷전환]
①
②

[앞반원앞전환]
②
①

[앞반원뒷전환((B형)]
①
②

[앞반원바꿔앞전환 평선]
①
③
②
③

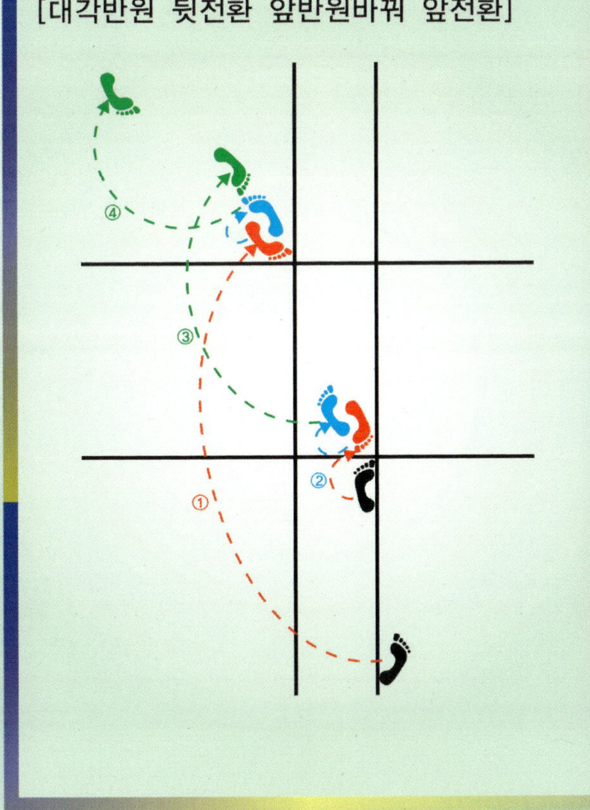

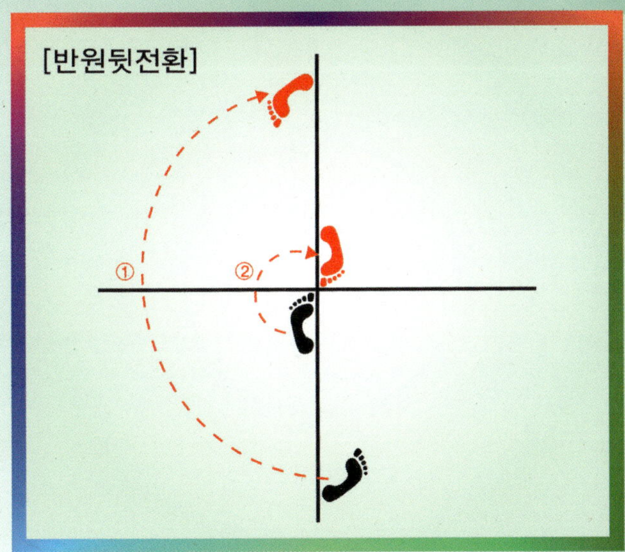

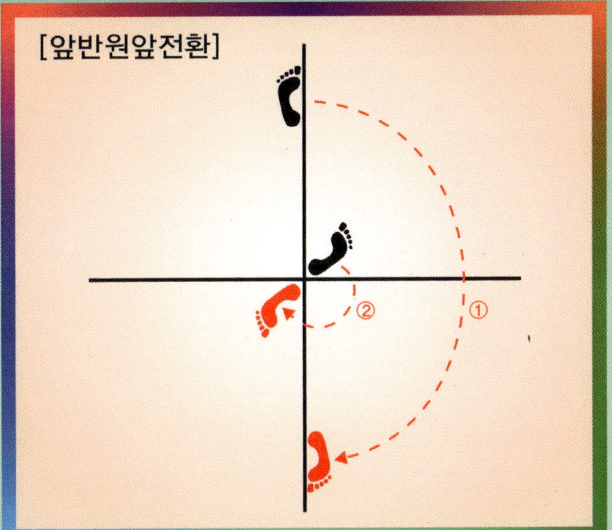

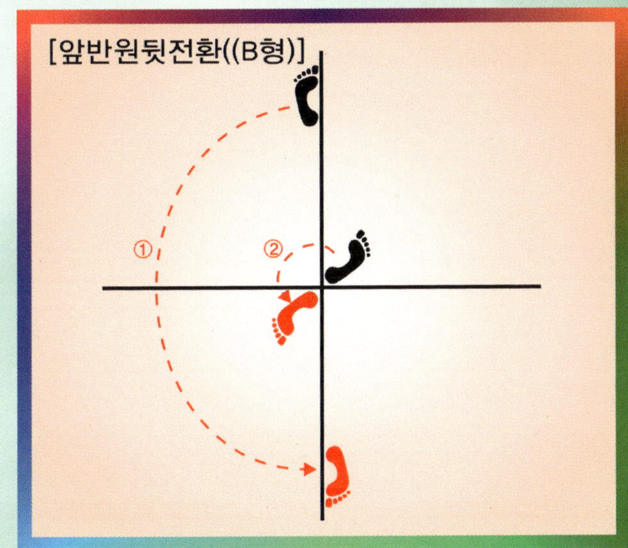

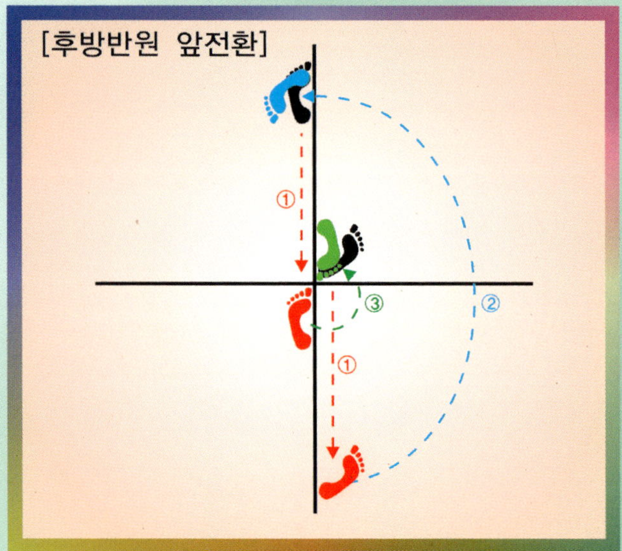
[후방반원 앞전환]

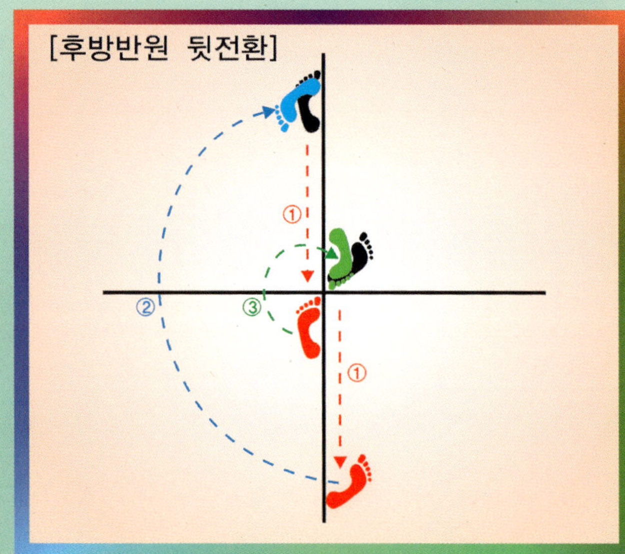
[후방반원 뒷전환]

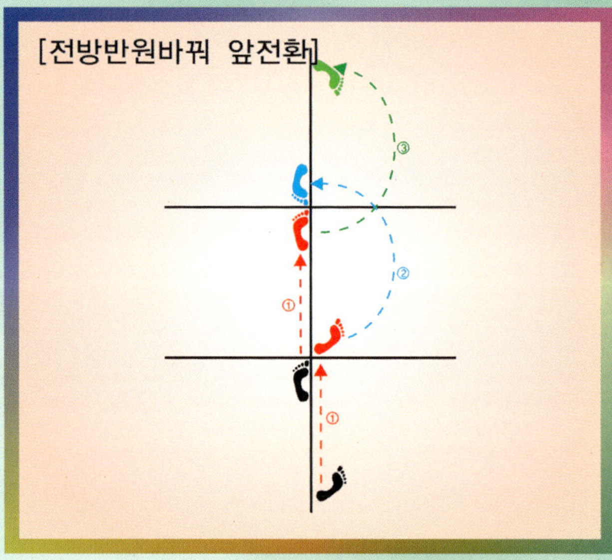
[전방반원바꿔 앞전환]

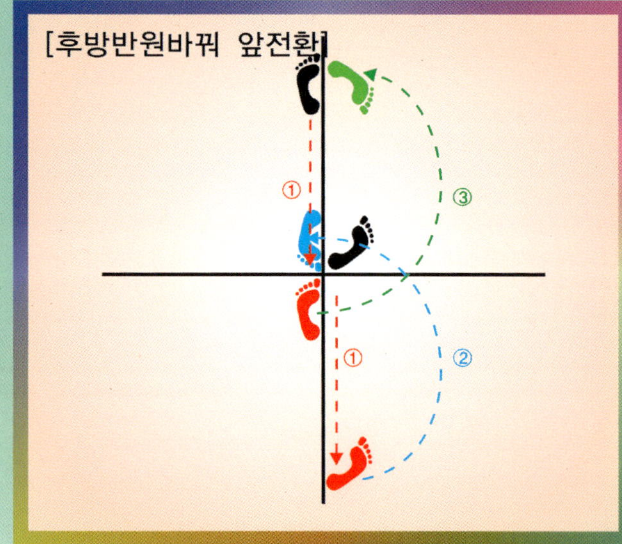
[후방반원바꿔 앞전환]

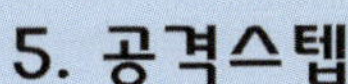

5. 공격스텝

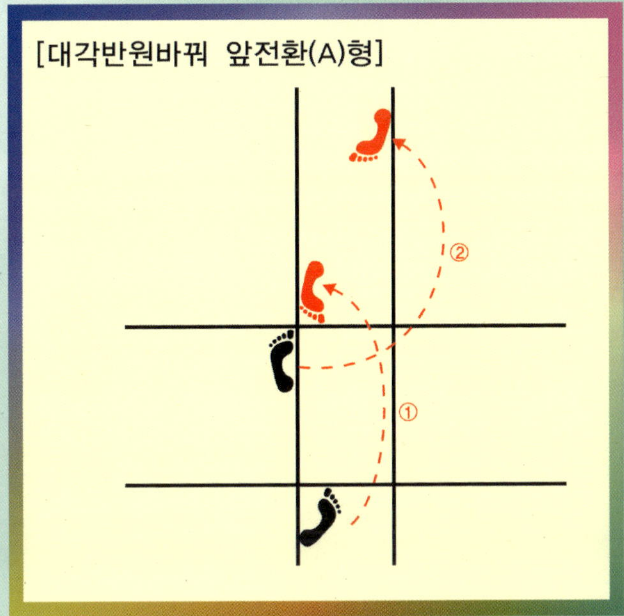

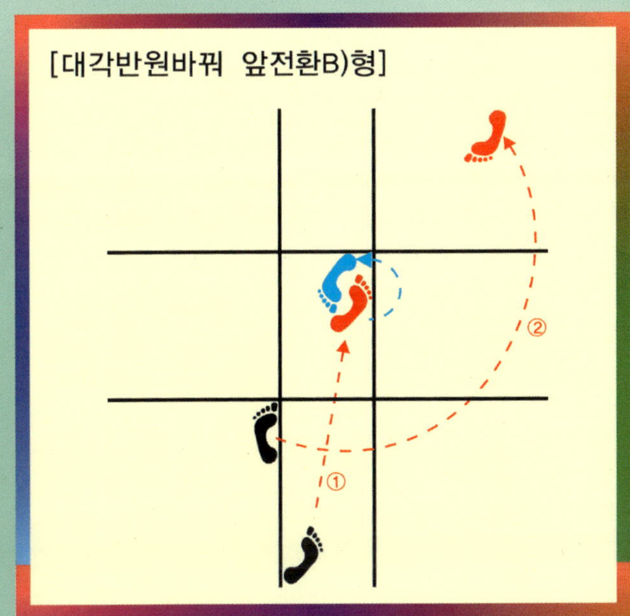

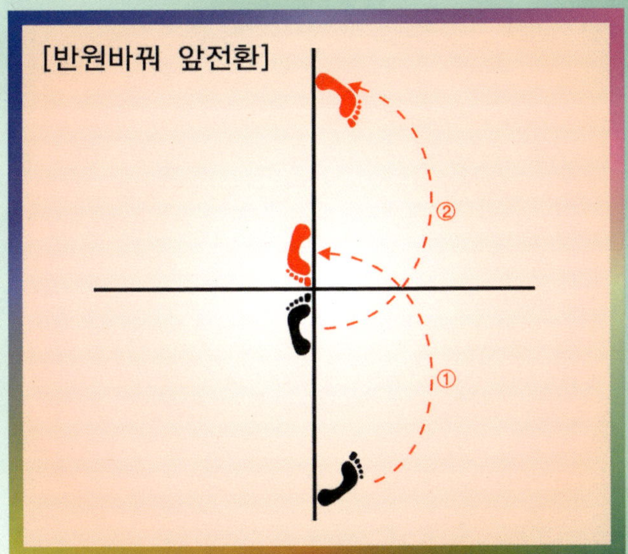

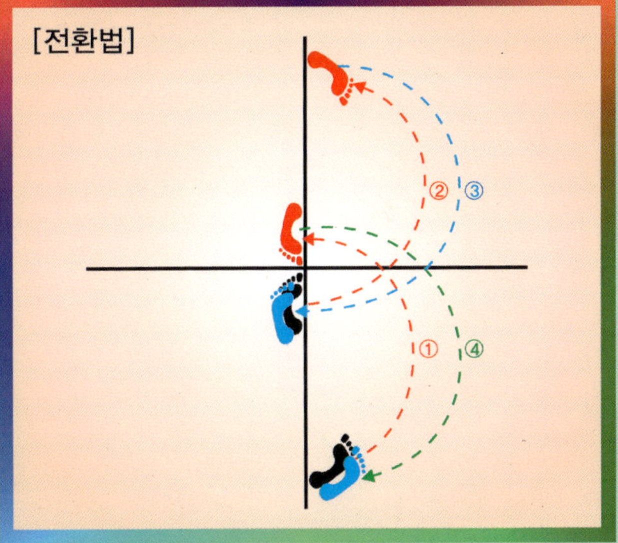

6. 역습방어스텝

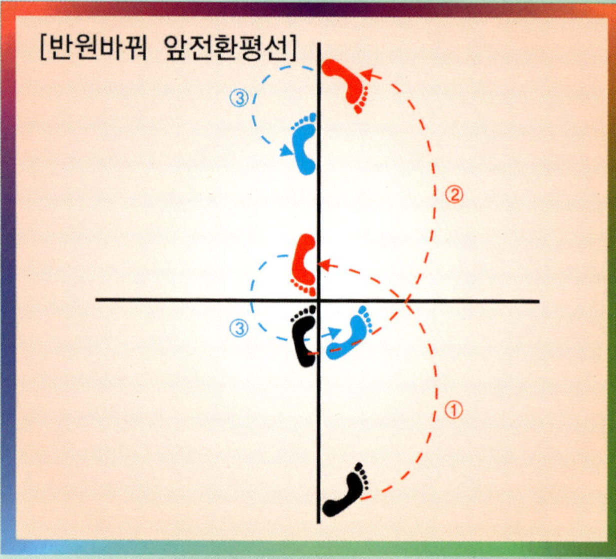

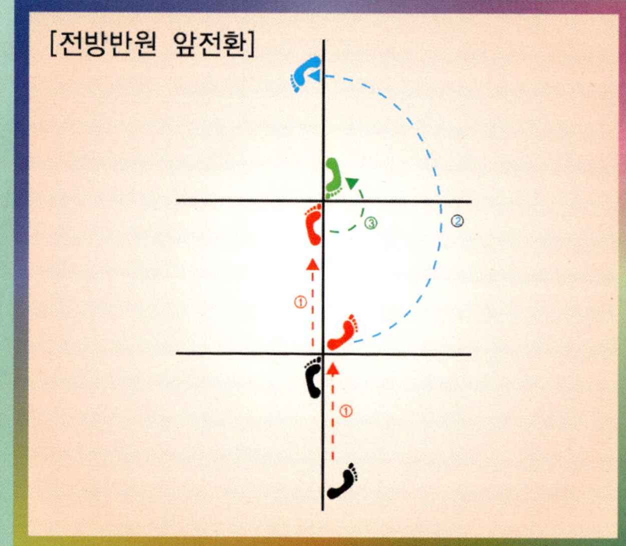

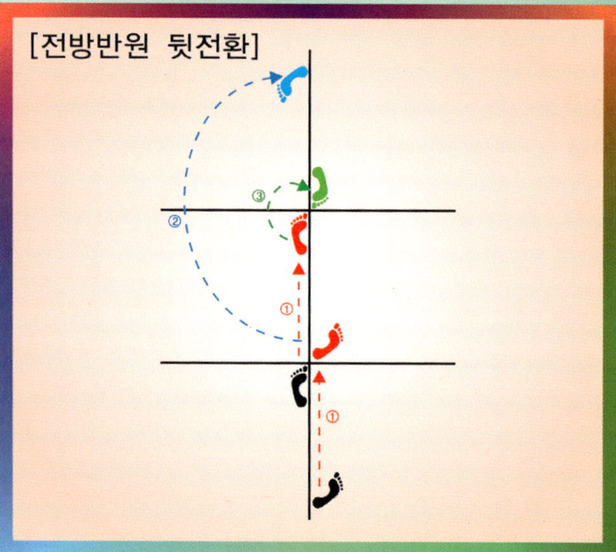

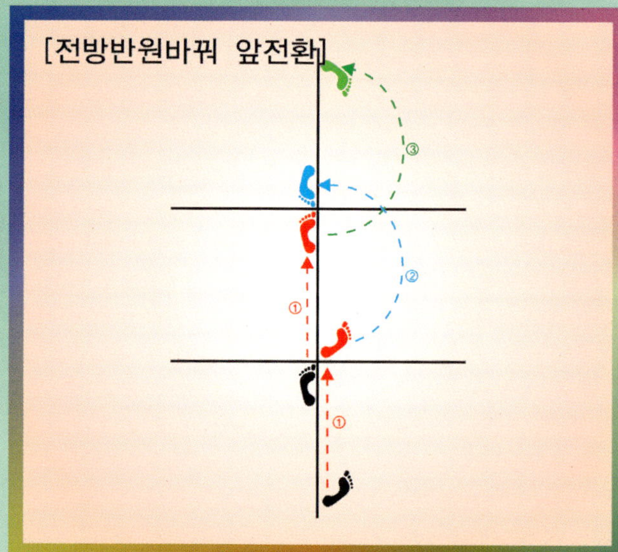

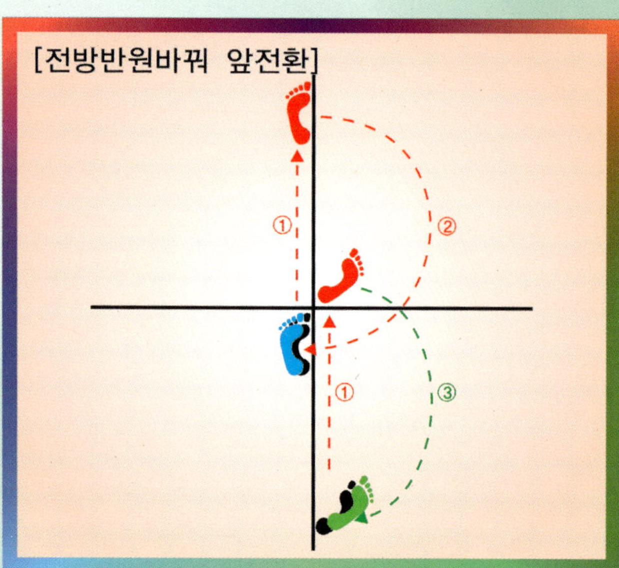

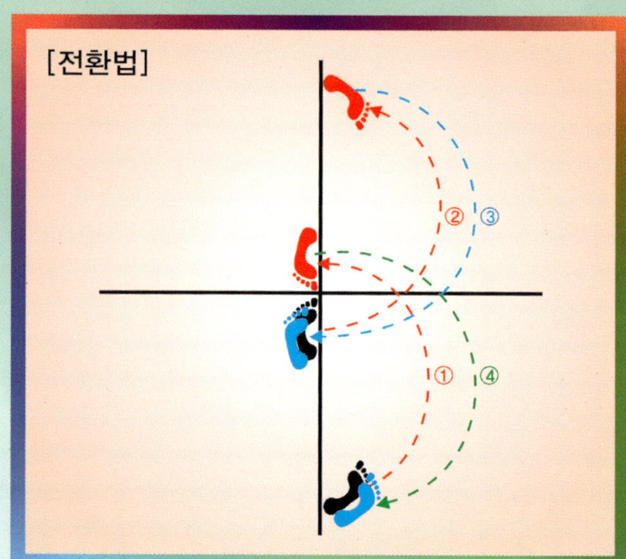

호위사격술

호
위
사
격
술
법

① 호위 사격술법 체계(體系)

<< **호위사격술법의 종류** >>

1. 서서 사격법
2. 무릎앉아 사격법
3. 앉아 사격법
4. 엎드려 사격법
5. 누워 사격법
6. 의탁 사격법
7. 낙선법 사격법
8. 호위 사격법
9. 응용 사격법

<< **호위사격술** >>

총 사격술은 현대적 위협수단에 대응하기 위하여 매우 중요한 호신장비라고 할 수 있다. 또한 옛날에는 투창이나 활 등의 위협수단에서 현대적으로 발전된 것이 총이라고 할 수 있다. 이같은 총을 현대적 경호환경에서 크게 위협수단으로 이용되고 있으며, 반대로 총을 이용해서 경호대상을 호위하는 호신장비로도 이용되는 것이 오늘날의 경호환경이기 때문에 총의 제원 및 사격(사격법)자세등을 익힐 수 있도록 한 것이 호위사격술법이라고 할 수 있다.

기본사격술 — 파지법 — 한손파지법 / 양손파지법

조준 / 격발 / 호흡

경계사격자세
서서쏴사격자세
무릎쏴사격자세
벽면의탁쏴사격자세
앉아쏴사격자세
엎드려쏴사격자세
누워쏴사격자세

팀원사격자세

이동사격술

전환선법 사격술

낙선법 사격술법 — 낙법사격술 — 선법사격술 — 낙선사격술

의탁사격술 — 특수사격술

호위사격술

경호사격 의의

  오늘날 경호원들의 사격술 수준은 경호대상의 안전 여부와 직결되고 있으며, 특히 경호 대상이 중요 요인일수록 총기에 의한 테러 및 범죄 목표가 될 가능성이 매우 높기 때문에 경호원들의 사격능력이 크게 요구되고 있다. 따라서 경호원들의 사격술은 테러범들의 수준을 능가할 수 있는 신속성과 정확성을 유지할 수 있도록 잘 훈련되어야 한다. 다시 말해 경호대상의 신체 및 생명에 대한 안전유무는 결국 경호원들의 사격술이 결정짓게 한다고해도 과언이 아닐 것이다. 옛고대사회에서 많이 사용되었던 활이 발전해 오늘날에는 총기류로 변형 발전되었다고 할 수 있으며, 이같은 총기류가 경호환경에 크게 위협받고 있어 우리 경호원들도 경호 사격훈련 등을 통해 총기류에 의한 테러 및 범죄에 적극 대응 할 수 있도록 해야만 한다.

(1) 호위사격자세

  경호대상 호위사격은 공격자에 대한 대응사격을 우선하는 것이 아니라, 공격자의 사격 방향에 따라 최우선으로 경호대상을 경호원 자신의 몸으로 감싸며 호위적 개념의 사격을 취하는 것이다. 특히 일촉즉발의 상황으로 전 과정이 1초, 3초, 5초, 7초 단위의 신속성과 정확성이 요구된다.

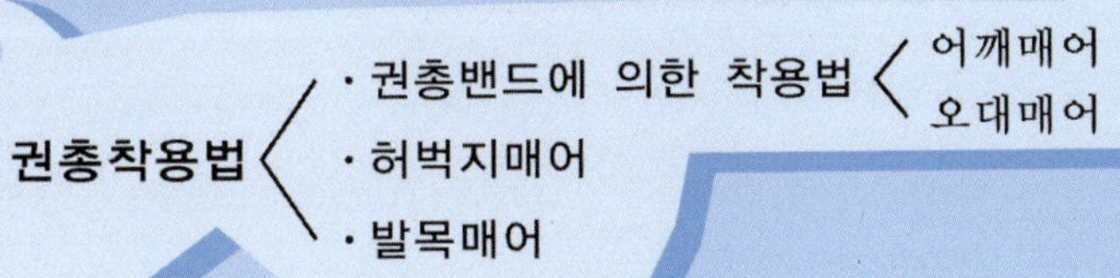

조준

  사격자세의 조준이란 경호원의 눈과, 총의 가늠자, 가늠쇠 및 목표물의 조준점을 동일 직선 상에 배치하여 이것으로써 표적과 총렬에 바른 방향을 부여하는 것이 조준의 정의라고 할 수 있다.

  경호원이 아무리 빨리 반응하여 방아쇠를 당겨 격발에 성공했다고 하더라도 총의 가늠자 가늠쇠 목표물 등에 정확히 일치하지 않는다면 발사된 실탄은 목표물로부터 빗나갈 것이다. 따라서 조준은 사격에 있어서 가장 중요한 기술이다 라고 할 수 있다.

(1) 조준의 정확성을 떨어뜨리는 요소
 ① 조준선을 조준점에 일치시킬 수 없는 나쁜 시력
 ② 조준때에 너무 빈번히 표적간 시선이동을 하는 것은 시각에 나쁜 영향을 받는다.
 ③ 조준을 오래 계속하는 것은 호흡이나 시각에 나쁜영향을 받을 수 있다.
 ④ 조준시 특정의 물체를 응시하는 행위도 시각적으로 나쁜영향을 받는다.

격발

 사격에 있어서 격발의 기술은 중대한, 때로는 명중에 결정적 의의를 갖는다.

 첫째, 격발 동작은 표적을 지향하고 있는 총을 전위시키는(총의 방향을 혼란케 한다)것이 되어서는 안된다. 이것은 경호원에게 대하여 부드럽게 방아쇠를 당기기는 기술의 습득을 요구하는 것이다.

 둘째, 격발동작은 조준동작과 완벽한 협조성을 유지하여, 바른 조준선이 표적중앙 밑으로 이끌려 오는 순간에 공이 치기가 단발자에서 떨어져야 한다. 따라서 부드럽게 방아쇠를 당기는 동작과 조준동작과는 병행적 협조적으로 수행되어야 하며, 절대로 개별적 독립적 으로 이루어져서는 안된다.

(1) 격발능력 향상방법
 ① 본인의 신경계통 작용의 특성에 따라 격발방법을 익힌다.
 ② 방아쇠를 당기는 손가락 힘을 주는 요령을 익힌다.
 ③ 방아쇠의 발사시기가 온 것을 감지하는 능력을 익힌다.
 ④ 격발 기구의 정비상의 결함이 발생되지 않도록 한다.

사격호흡

 평상시 사람의 호흡은 평균 일분간에 12-15사이클 정도의 템포로 영위된다. 즉 일호흡 사이클은 4-5초의 간격이다. 개개의 호흡사이클을 다시 상세하게 관찰해 보면 극히 빨리 진행하는 흡기과정과 조금 서서히 진행하는 배기과정으로 되있는 약2초간의 호흡과정과 그에 계속되는 2~3초간의 휴식과정으로서 성립되어 있음을 알 수 있다.

 호흡간격은 폐장내에 일정한 공기의 양이 잔류돼 있고 또 폐장내에 탄산 가스의 축적이 진행되는 과정이다. 사람의 폐장에는 한번 들어 마시는데 약 500㎤의 공기가 들어가고 이 것을 흡기량이라 한다. 힘을 들여서 들어 마시면 다시 약 1500㎤의 공기를 유입시킬 수가 있다. 다음에 힘들여 배기를 하여도 아직도 폐장내에는 1000~1500㎤의 공기가 잔존한다. 이것이 잔류기량이라 하는 것이다.

 중요한 것은 최소 12초에서 15초 동안은 호흡을 하지 않아도 아무런 영향을 받지 않고 사격호흡을 조절 할 수 있다.

권총 및 자동소총 종류

호신장비중 총기류는 권총, 자동소총, 저격용소총 등이 사용된다. 물론 총기류의 종류에 따라 성능이 다르고 다른 성능에 따라 사용용도 및 소지방법 등 또한 조금씩 달라진다. 특히 총기류에 있어서 외부에 노출이 되지 않아야 하거나 노출 등이 불가피 한 경우 위장방법 등이 요구되는데 만년필형, 파이프우산용, 007가방형, 차량장착형 등 다양하게 위장하기도 한다. 어찌됐든 여기에서는 세계여러나라에서 생산되는 권총22구경, 45구경, 38리볼버에서 K1자동소총 그리고 기타 저격용소총까지 사진으로 소개한다. 총기류가 많기때문에 근무환경에 맞는 총기류 선택과 자신의 적성 등을 고려한 총기류 선택이 요구되며, 구입에 따른 법률적 판단과 구입능력 등을 고려해야 한다.

권 총

권 총

경호무술

경호무술 6

호위낙선법, 대련법, 사격술법

경호무술

저격용총

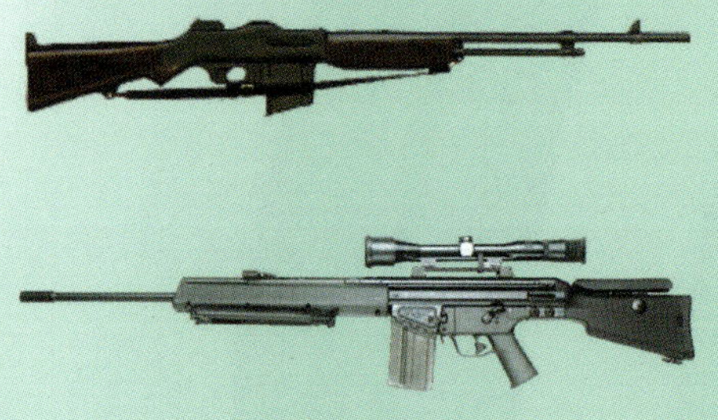

기타총들

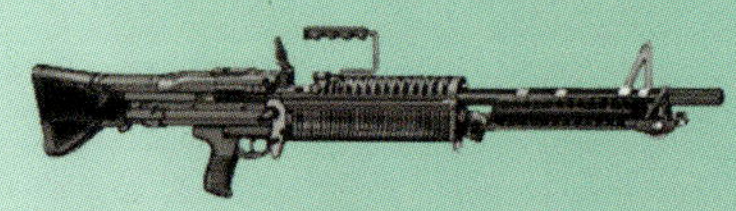

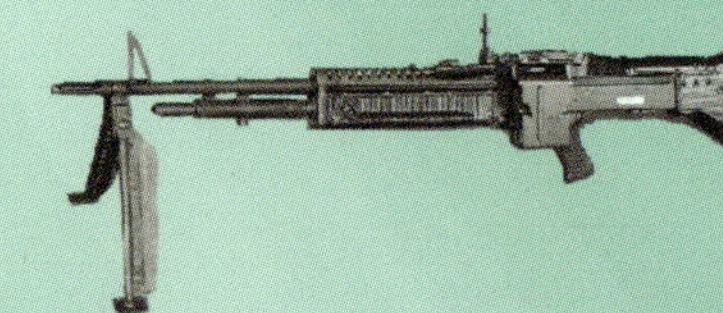

1. 기본 사격술

권총파지법

□ 사격자세

오늘날 경호원들의 사격술 수준은 경호대상의 안전 여부와 직결되고 있으며, 특히 경호사격에 있어서 총의 파지는 한손파지, 양손목파지 A형 B형등으로 구분되며 기본 사격자세로서는 서서쏴, 무릎쏴, 앉아쏴, 누워쏴, 엎드려쏴 의탁쏴 자세등이 있다. 경호원은 각자의 신체조건(신장. 체중. 몸의 구조적 균형 여부 및 근육의 발달정도등에 있어서)등이 있으므로 모든경호원에 적합한 사격 자세의 완벽한 표본이라든지 천편일률적으로 원칙은 있을 수 없다. 따라서 경호원은 기본자세를 제외한 사격자세는 경호원 자신의 체형에 맞는 자세를 익혀야만 한다.

한손 파지법

곧바로 사격이 가능한 경우에 취하는 자세 (총을 곧바로 세워 잡는다.)

전환이 요구되는 상황에서 취하는 자세 (총이 대각이 되게 잡는다.)

엎드려 있거나, 누워있는 자세에서 취할 수 있는 자세 (총을 수평으로 뉘어 잡는다.)

양손 파지법

□ 총 파지법

총 파지법은 총을 잡는 순간부터 격발 할 때까지의 전과정으로서 시작과 끝이다라고 할 수 있다. 그럴리는 없겠지만 만약 총을 손으로부터 놓치게 되면 상대방에게 아무런 저항도 하지못하고 꼼짝없이 당할수 밖에 없을 것이다. 따라서 어떠한 경우라고 하더라도 총 만은 절대 놓쳐서는 안된다. 현재 총의 파지 법으로서는 한손 파지법과 두손 파지법등이 있다.

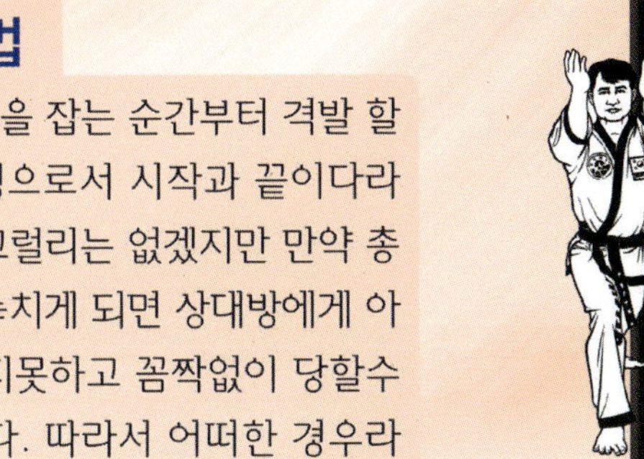

권총 파지법

[손목고정 파지법A형]

[손목고정 파지법B형]

[손목의탁 파지법]

[수팔의탁 파지법]

[손목고정 파지법]

[허리의탁 파지법A형]

[허리의탁 파지법B형]

경계사격 자세

A형

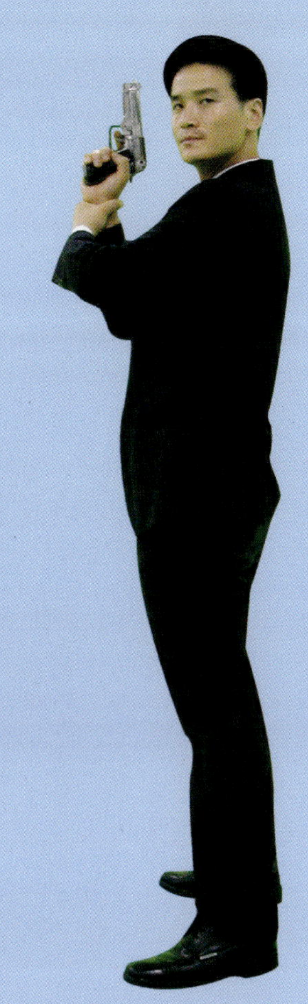

B형

GUARD MILITARY

서서쏴 사격자세

기본 사격자세

A형

B형

Explanation-4

　모든 자세의 기본은 정지시, 이동시 두가지 형태가 있으며, 조준도 정조준법과 지향조준법이 있으며, 격발도 단식, 복식, 연속격발 유형이 있다. 중요한 것은 결코 상대보다 늦어서는 않되며 상대보다 정확한 명중이 있어야 한다는 사실이다. 이를 위해서는 심리적·정신적으로 안정되어 있어야 한다.

　또한, 사격에 있어서 신속과 명중이란 균형된 자세에서 나온다는 사실을 깨달아야만 한다.

무릎쏴 사격자세

A형

B형

벽면의탁좌 사격자세
A형

벽면의탁좌 사격자세
A형

앉아쏴 사격자세 A형

경호무술

앉아쏴 사격자세 B형

엎드려쏴 사격자세 A형

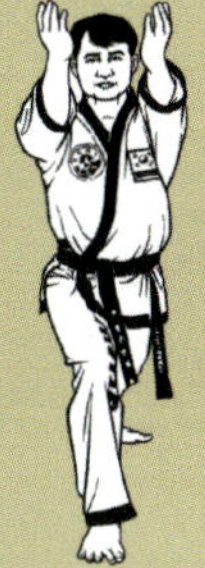

엎드려쏴 사격자세 B형

누워서 사격자세

A형

B형

팀웍 서서와 사격자세

팀웍 무릎쏴 사격자세

팀윅 무릎앉아 사격자세

팀윅 무릎앉아 사격자세

이동간 사격

이동간 사격은 목표 접근 또는 수색간에 출현하는 돌연 표적을 제압한다. 표적출현방향은 전방, 후방, 측방 등 아무 방향이나 출현할 수 있다. 자세는 사거리 7m 이내에 근접속사, 7m 이상은 원거리속사로써 실사하며, 장애물이 있을 시는 장애물을 이용하여 사격을 실시한다.

1) 지향사격술 : 준비자세는 양발을 어깨넓이로 벌리고 권총을 양손으로 파지하며 팔굽을 굽혀 총구를 공중으로 하여 가슴 앞에 위치하고 시선은 전방을 지향한다.

2) 근접 속사 : 근접속사 자세는 7m 이내의 사거리에서 적용하며 근거리에서 적과 조우한 상황에서 적으로부터의 피해를 감소시키기 위하여 낮은 자세와 신체를 이동시키면서 신속하게 사격을 실시한다.

3) 자세 및 요령
   ① 준비자세에서 좌측 발을 전방으로 1보 정도 내딛는다.
   ② 좌측 무릎은 굽히고, 우측 다리는 곧게 편다.
   ③ 상체는 곧게 세운다.
   ④ 우측 손은 총구로 표적을 향해 내뻗으며 팔은 곧게 편다.
   ⑤ 2초 이내 격발한다.

4) 원거리 속사 : 사거리 7m 이상의 표적에 대한 사격시 적용하여 신속하게 적을 제압하기 위한 자세

무릎을 약간 굽힌다. -> 상체를 세운다. -> 권총을 파지 한 상태에서 총구는 표적을 향하여 전방으로 내밀고 팔은 곧게 편다.-> 3초 이내 격발

전환선법 사격자세

전환법 사격자세는 자신이 상대로부터 이미 노출되어 표적이 된 상황에서 위치이동을 통한 보호와 동시에 순간 상대방에서 혼란을 유도하며 사격하는 자세로 특히 경호대상이 상대로부터 표적이 된경우 매우 유용한 사격술이다. 그리고 낙선법사격술과 연결하여 취하는 동작을 익혀두는 것이 실전력을 크게 높여준다. 따라서 평소에 많은 훈련을 해두는 것이 좋다.

낙선법 사격자세

　낙법 사격자세는 총격전의 긴박한 상황의 특수성으로 인하여 지행과 시설의 구조 그리고 자신이 표적이 된 여러 상황에 의하여 반듯하게 이동하면서 취하는 사격자세는 상대방에게 좋은 표적 제공만을 할 따름이다. 따라서 여러 유형의 낙법 사격자세는 자신의 안전을 도모할 수 있는 좋은 사격자세이며 유리한 사격위치를 선점할 수 있는 이동사격자세이기도 하다.

호위사격법 사격자세

　호위낙선법 사격자세는 전환선법사격자세, 낙선법사격자세, 특기술사격자세 등을 이용하여 경호대상을 호위하면서 공격자에 대한 사격자세를 취하는 동작을 호위사격자세라고 할 수 있다. 이 사격자세는 매우 신속하고도 과감해야 하기 때문에 이로인한 위험이 따를 수 밖에 없다. 따라서 경호사격자세는 평소에 익혀두어야 하며 총기의 제원, 총기의 조작을 포함하여, 총기에 대한 일반적인 지식을 습득해야 한다.

팀웍사격법 사격자세

　팀웍사격자세는 한명이상이 한 팀으로 구성하여 경호대상을 공격하는 위해자에 대하여 사격하는 기술로서 경호원 상호간에 위해상황에 따라 대형의 변화를 주어 방어선이나 방어벽, 보호벽과 같이 불리는 방법등으로 팀웍을 이루어 경호대상의 신변안전에 필요한 일련의 사격자세등을 팀웍사격자세라고 설명한다. 중요한 것은 팀원간 일사분란한 자세로 신속·과감·정확하게 이루어야만 하며 이를 위해 팀원간 팀웍을 위해 많은 훈련이 요구된다.

낙선사격술 설명(예)

198

경호무술 6

호위낙선법·대련법·사격술법

VI
6. 경호무술 호위나선법, 대련법, 사격술법
경호무술 6
호위낙선법, 대련법, 사격술법

경호무술

VI
6. 경호무술 호위낙선법, 대련법, 사격술법
경호무술 6
호위낙선법, 대련법, 사격술법

의탁사격술 설명 (예)

6. 경호무술 호위낙선법, 대련법, 사격술법

경호무술 6

호위낙선법, 대련법, 사격술법

특수사격술 설명(예)

경호무술

주차장
B
c
c
B

주차장
B
c
c

경호무술

6. 호 위 사 격 술

호위사격술 설명 (예)

양손파지
(호위서서쏴)

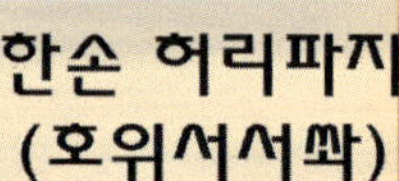

한손 허리파지
(호위서서쏴)

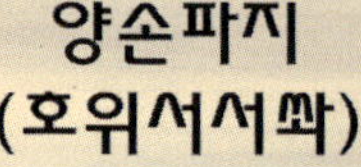

양손파지
(호위서서쏴)

양손파지
(상단째끼기 호위서서쌰)

한손파지
(호위잡기 서서쌰)

한손파지
(호위잡기 서서쌰)

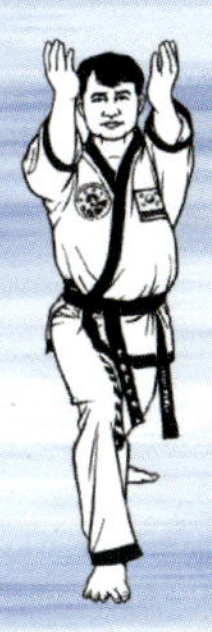

양손파지
(인벽 호위서서쏴)

한손파지
(호위잡기 서서쏴)

한손파지
(호위잡기 서서쏴)

한손파지
(호위 무릎쏴)

한손파지
(호위 무릎쏴)

한손파지
(호위 서서쏴)

한손파지
(호위낙호법 서서쏴)

한손파지
(호위 엎드려 쏴)

한손파지
(호위 엎드려 쏴)

한손파지
(호위 중첩 엎드려 쏴)

7.팀웍호위사격술

팀웍호위사격술 설명 (예)

A형 인벽
호위 사격자세

A형 인벽
호위 사격자세

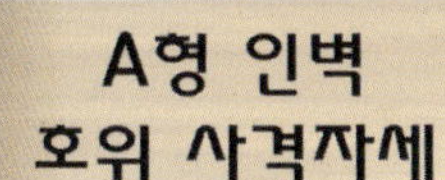

A형 인벽
호위 사격자세

□ **Explanation(A형)**

경호대상을 호위하기 위하여 사진과 같이 인벽구축을 하는 동시에 사방 경계 및 사격자세를 취한다.

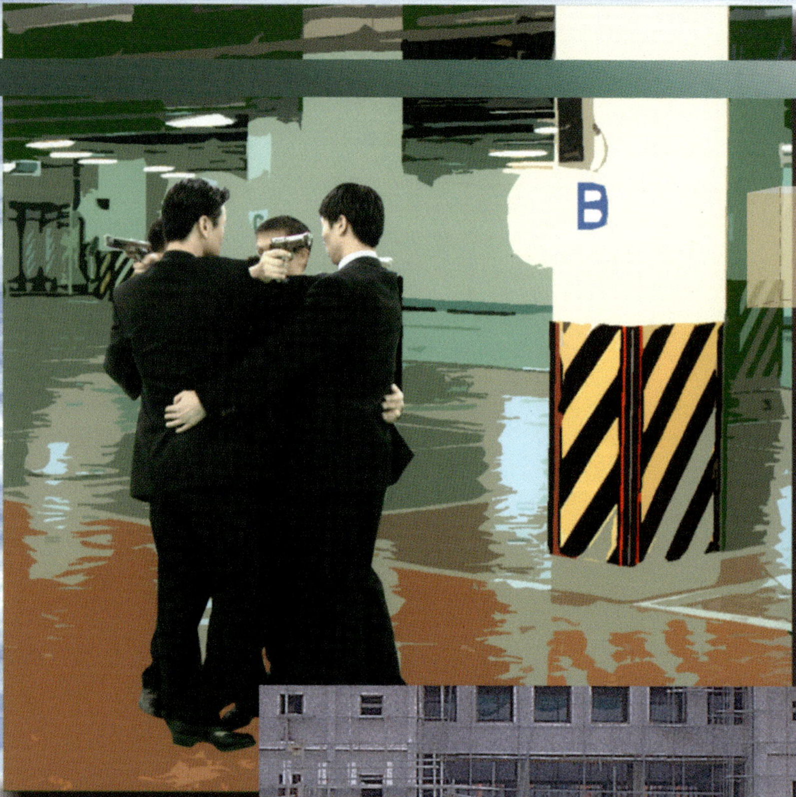

B형 인벽
호위 사격자세

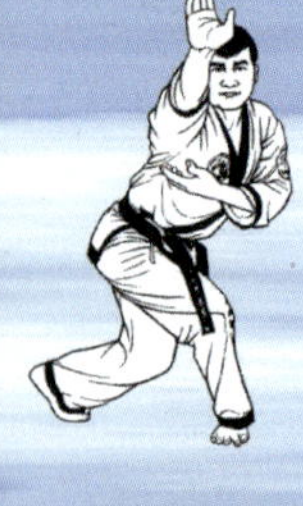

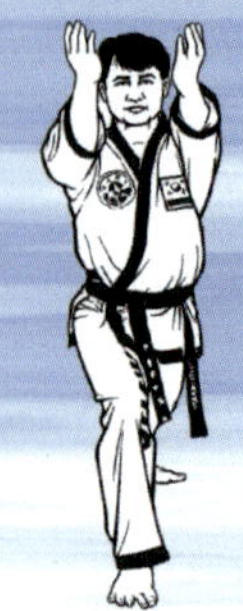

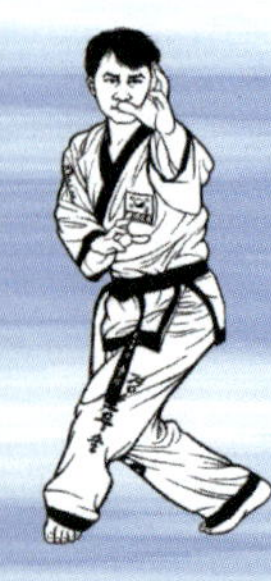

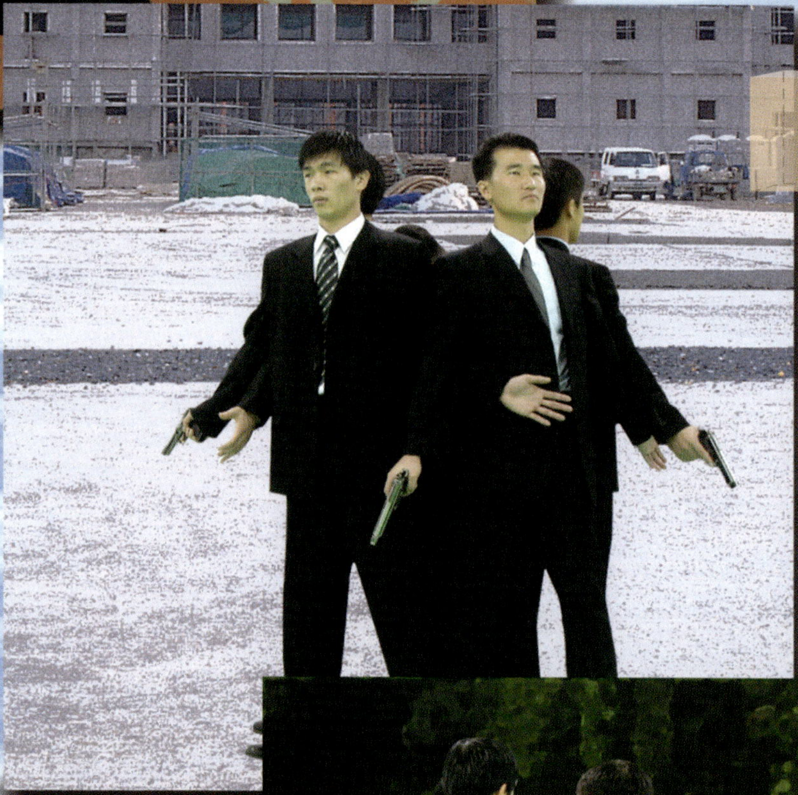

A형 인벽
호위 사격자세

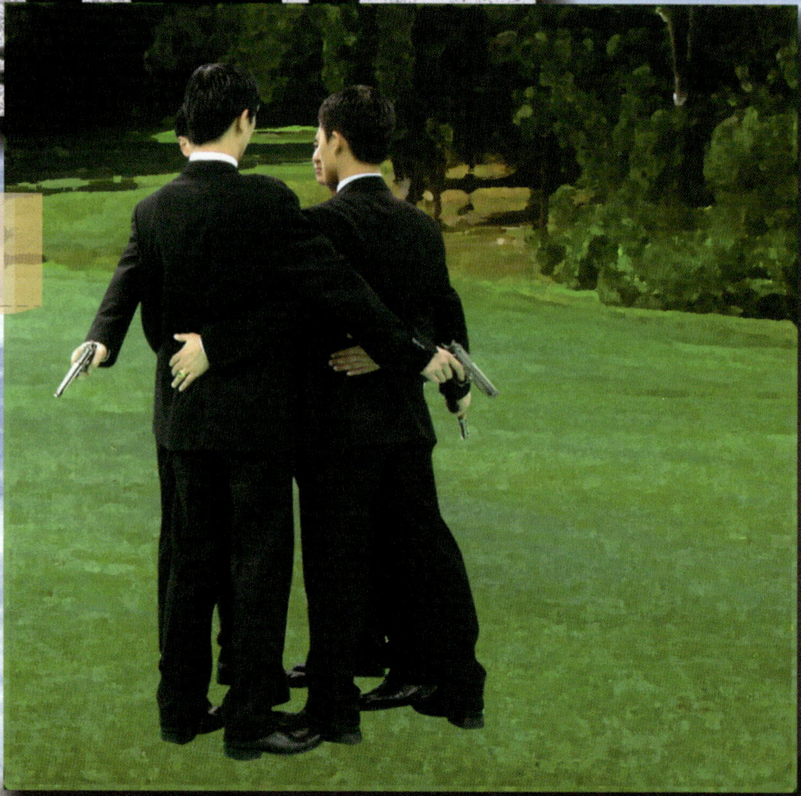

B형 인벽
호위 사격자세

Explanation(B형)

경호대상을 가슴안쪽으로 인벽 구축을 하는 동시에 바라보는 앞쪽으로 상호교차하여 사방경계 및 사격자세를 취한다.

B형 인벽
호위 사격자세

B형 인벽
호위 사격자세

A형 인벽
호위 사격자세

A형 인벽
호위 사격자세

8. 차량사격술

차량사격술 설명(예)

경호무술 6

호위낙선법, 대련법, 사격술법

217

경호무술

경호무술 6

호위낙선법, 대련법, 사격술법

경호무술

경호무술

경호무술 6

호위낙선법, 대련법, 사격술법

경호무술

서울33
러 8644

경호무술 6

호위낙선법 · 대련법 · 사격술법

경호무술

경호무술 6

호위낙선법·대련법·사격술법

229

경호무술

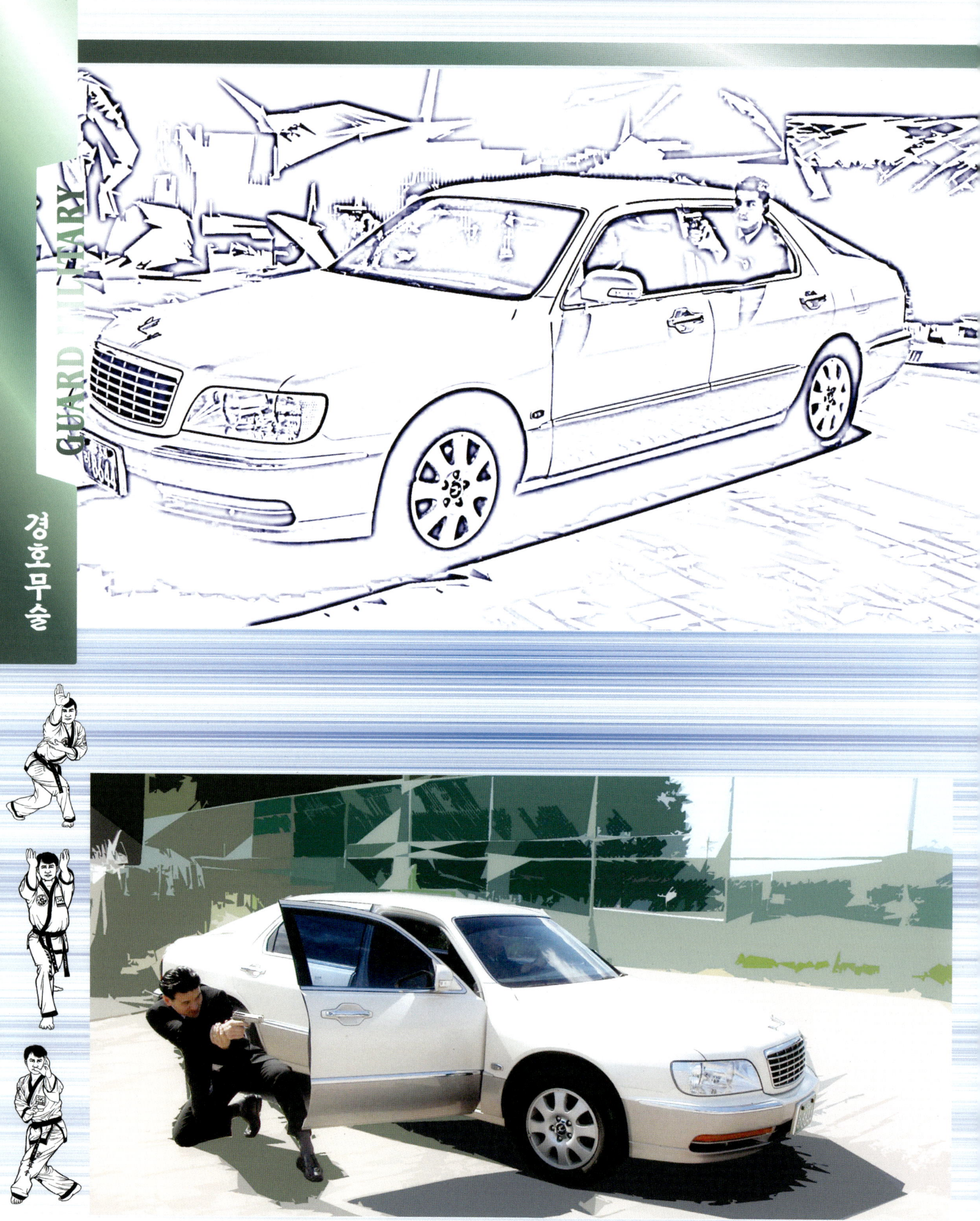

경호무술 용어해설

경호무술 : 자기 자신을 포함하여 경호 대상에 대하여 가해져 오는 공격으로부터 신체 및 생명을 보호해주는 호위호신무술.

경호 : 경호대상자의 신변에 직접 또는 간접적으로 가해지는 신체 및 생명 위협을 방지하고, 제거하기 위해 경호활동에 필요한 정보, 첩보수집 및 인원, 장비 운영을 통한 경계활동까지를 포함하여 경호대상의 안전을 도모하는 것.

무술 : 손 발등의 신체부위 또는 무기를 이용하여 신법, 두법, 수법, 족법, 무법 등으로 체계화된 공방기술로 수련하는 격투기술 .

경호대상자 : 일신상의 이유로 신변보호를 받아야할 대상으로 지정된 인물(사람).

경호환경 : 경호 대상에 대한 모든 위험요소로부터 안전 유무를 확인하고 필요한 대책을 통한 환경을 확보하는 것.

원복 : 무술원에서 입는 단체복(유니폼)

1. 호위낙선법 용어 해설

낙법 : 신체 균형을 잃어 넘어지려는 순간 전, 후, 측 방향으로 지면에 안전하게 착지하여 부상을 예방할 수 있는 기술

일수법 : 한 팔과 손만을 이용하는 기술

양수법 : 두 팔과 두 손을 이용하는 기술

무수법 : 두 팔과 두 손이 지면에 닿지 않게 신체 일부만을 이용하는 기술

일족법 : 한 발을 이용하는 기술

양족법 : 두 발을 이용하는 기술

호위낙선법수련단계 : 호위낙선법 수련체계를 유급 또는 유단 수련자의 수련기간과 수준에 따라 지도하고 익히는 과정.

기본낙법 : 전, 후, 측면으로 지면에 안전하게 착지하는 기본이 되는 낙법기술.

전방낙법 : 몸의 균형이 앞으로 기울어져 넘어지는 경우 두팔과 허리, 다리의 완충 작용을 이용해 충격을 완화 시켜 지면에 착지 하는 기술.

전방무성낙법 : 두팔을 어깨 넓이로 벌려 수직으로 펴 손바닥이 지면에 닿으면 몸을 활처럼 곡선을 유지하여 마치 팔굽혀펴기 하듯 팔을 굽혀 앞가슴부터 몸통, 골반, 다리, 발 순으로 지면에 붙어 착지 하여 충격을 흡수하는 기술.

후방낙법 : 두 손팔을 하방 45°로 빼 두 팔로로 지면을 착지하여, 1차 충격을 완화 시킨 후 이어 등을 지면에 착지시켜 2차 충격을 흡수한 다음 두발을 뒤로 넘겨 무릎을 곧게 펴 무릎으로 얼굴을 치지 않도록 주의 하면서 충격을 완화 시키는 기술

측방낙법 : 몸체를 옆으로 틀어 발목을 L자로 힘을 주어 유지한 채 발을 먼저 지면에

착지하고 허벅지, 엉덩이, 손, 팔, 몸통 순으로 충격을 완화 시켜 지면에 착지
하는 기술.

회전측방낙법 : 몸의 중심이 측면으로 기울어져 넘어지는 상황에서 최대한 몸의 평
형을 측면으로 유지해 착지하는 기술

점프낙법 : 몸의 균형을 잃고 공중에 떠 있는 상태에서 전방, 후방, 측방, 회전측방
으로 지면에 안전하게 착지하는 기술.

점프전방낙법 : 몸이 일시에 공중에 떠 있을 수 있는 상황에서 몸이 전후수평으로
균형이 이루어지도록 유지게 한 다음 두팔과 다리를 어깨 넓이로 균형있게 벌려
사지를 통한 완충작용으로 충격을 분산, 완화, 흡수하여 지면에 안전하게 착지
하는 기술.

점프전방무성낙법 : 몸이 공중에 떠 있는 상황에서 무게중심이 상체로 쏠려 몸이
거꾸러져 얼굴부터 지면에 떨어지는 경우 두팔을 어깨 넓이로 벌려 수직으로
펴 전방무성낙법 기술로 지면에 착지 하는 기술.

점프후방낙법 : 몸이 공중에 떠 있다가 일시에 뒤로 떨어지는 경우 후방낙법기술을
기초로 하여 두손과 팔, 어깨견갑골부위, 몸통 순으로 3단계에 걸쳐 뒤로 지면에
착지 하는 기술.

점프측방낙법 : 측방낙법의 기술을 기초로 한 기술로서 몸이 공중에 떠 있는 순간 몸의
수평 균형을 유지하여 몸을 측(좌, 우)면으로 틀어 오른발(좌측방의 경우) 발바닥이
지면에 닿게 1차 착지하고 왼발목을 L자로 유지하여 왼발로 착지하고 왼쪽 허벅지,
손, 엉덩이, 팔, 몸통 순으로 충격을 완화 흡수하며 착지 하는 낙법 기술.

점프회전측방낙법 : 몸 공중에 높이 또는 멀리 띄워 몸의 순간회전력을 이용하여
공중에서 몸을 앞으로 회전해 지면에 떨어질 때 측방낙법 기술로 착지 하는 기술.

양수낙법 : 두 손과 팔을 이용한 기술.

일수낙법 : 한 손과 팔을 이용한 낙법으로 한 팔의 부상 또는 상대의 술기에 걸려
낙법을 해야 할 때 잡히지 아니한 한팔을 이용하는 기술.

무수낙법 : 공중회전으로 손을 짚어 균형을 잡을 수 없을 때 몸통과 하체를 이용해
착지 하는 기술.

복식낙법 : 기본 낙법을 두 번 연속 하는 기술.

혼용낙법 : 기본 낙법을 혼용해 두 번 연속 하거나 최초 낙법을 시도 하다 착지지
점에 위험이 있을 경우 순간 최초낙법동작의 자세를 바꿔 다른 낙법으로 착지
하는 낙법기술. 예-전방낙법 하고 후방낙법, 전방낙법 하려다 후방낙법.

응용혼용낙법 : 최초 낙법을 시도 하다 착지지점에 위험이 있을 경우 순간 최초낙
법동작의 자세를 바꿔 다른 낙법으로 착지 하는 기술.

선법 : 신체의 균형을 잃고 몸의 일부 또는 전부가 지면에 닿아 있거나 낙법과 같은 유
형에 의하여 의도된 착지상황에서 신속히 지면으로부터 이탈 몸을 일으킬 는 기술.

전방선법 : 앞으로 일어나는 서기 기술.

전방수선법 : 엎드린 상태에서 두 손으로 지면을 짚고 밀어 두 팔의 힘으로 상체를

세운다음 똑바로 일어서는 기술.

전방일족선법 : 누운 상태에서 구름동작으로 한 발의 발바닥을 지면에 대고 일어서는 기술.

전방양족선법 : 누운 상태에서 구름동작으로 두 발의 발바닥을 지면에 대고 일어서는 기술.

후방선법 : 뒤로 일어나는 서기 기술.

후방일족선법 : 누운 상태에서 뒤로 굴러 한 발을 펴 지면에 대고 일어서는 기술.

후방양족선법 : 누운 상태에서 뒤로 굴러 두 발을 펴 지면에 대고 일어서는 기술.

후방수선법 : 누운 상태에서 뒤로 굴러 두발을 대고 두 손을 짚고 밀어 두 팔의 힘을 이용해 일어서는 기술.

후방역수선법 : 누운 상태에서 두 손을 머리 위로 올려 지면에 짚고 두발을 뒤로 구르듯 위로 올리는 반동을 이용해 두 팔을 힘껏 밀어 몸을 들어 올려 물구나 무선 상태에서 두발이 앞으로 착지하게 역으로 일어서는 기술.

후방측선법 : 누운 상태에서 고개를 한쪽으로 돌리고 돌린 쪽의 반대편 팔을 쭉 편 상태로 뒤로 굴러 오른 어깨와 팔을 타고 몸을 측면으로 넘겨 일어서는 선법.

측방선법 : 측면으로 돌아 일어나는 서기 기술.

측방일족선법 : 엎드리거나 누운 상태에서 한쪽 측면으로 몸을 굴려 한발로 몸의 중심을 잡고 지탱해 일어서는 기술.

역선법 : 회전력과 탄력을 이용해 신체 부위가 지면에 고르게 닿지 않게 일어나는 기술.

복식선법 : 기본 선법을 두 번 연속 하는 기술.

혼용선법 : 기본 선법을 혼용해 두 번 연속 하거나 최초 선법을 시도 하다 일어서는 지점에 위험이 있을 경우 순간 최초 선법동작의 자세를 바꿔 다른 선법으로 일어서는 선법기술. 예-전방선법 하고 후방선법, 전방선법 하려는 기술.

낙선법 : 지면에 안전하게 착지하여 일어서는 것으로서 신체의 균형을 잃고 넘어지는 순간, 낙법의 낙하 속도를 이용 역으로 일어서(선법)며 신체의 부상을 예방하고 다음 전개상황에 즉각 대응 할 수 있는 기술.

전방낙선법 : 앞으로 굴러서는 낙선법 기술.

양족전방낙선법(양족법) : 앞으로 넘어질 때 몸을 앞으로 굴러 두발 무릎을 구부려 일어서는 법. 편양족법-두발의 무릎을 펴 일어서는 기술.

편일족전방낙선법(편일족법) : 앞으로 넘어질 때 몸을 앞으로 굴러 한발 무릎을 펴 일어서는 기술.

전낙선법 : 회전측방낙법 자세로 굴러 착지 할 때 왼쪽 측면으로 몸을 틀어 왼 무릎을 90°로 구부려 측면이 지면에 닿도록 하고 오른 발을 구부려 외발 앞에 十(열십)자 모양으로 딛어(오뚜기식후방낙선법 자세) 일어서는 낙선법. 굴러 일어난다 하여 구를 전(轉)자를 씀.

고(점프)전낙선법 : 높이 뛰어 올라 장애물을 넘어 안전하게 착지해 서는 기술.

횡(멀리점프)전낙선법 : 멀리 뛰어 올라 장애물을 넘어 안전하게 착지해 서는 기술.

전방낙선측법 : 회전측방낙법의 낙하 속도를 이용해 바로 일어서는 기술.

후방낙선법 : 뒤로 굴러서는 낙선법 기술.

양족후방낙선법(양족법) : 뒤로 넘어질 때 몸을 숙여 뒤로 굴러 두발 무릎을 구부려
　　일어서는 낙선법. 편양족법–두발의 무릎을 펴 뒤로 일어서는 기술.

편일족후방낙선법 : 뒤로 넘어질 때 몸을 숙여 뒤로 굴러 한발 무릎을 펴 일어서는 기술.

양수후방낙선법(양수법) : 뒤로 넘어 질 때 몸을 숙이고 두 손을 머리 위로 올려 지면에
　　짚고 두발을 올리는 반동을 이용해 두 팔을 힘껏 밀어 몸을 들어 올려 물구나
　　무선 상태에서 두발이 앞으로 착지여 일어서는 기술.

양수족후방낙선법(양수족법) : 높은 곳에서 착지 하여 일어서는 기술로 두 손을 지면에
　　짚고 물구나무선 채 양팔, 목, 어깨, 등, 엉덩이, 발 순으로 굴러 착지하여 일서는
　　기술.

복식낙선법 : 기본 낙선법을 두 번 연속 하는 기술.

혼용낙선법 : 서로 다른 낙선법을 연결해 취하는 기술

응용낙선법 : 수족을 이용해 위치를 이동하여 상대의 공격을 피하거나 장애물을 뛰어
　　넘는 기술.

양수족옆돌기 : 몸의 측면으로 풍차가 돌듯 두 팔을 벌려 두 손을 지면을 짚고 두
　　발을 벌려 옆으로 돌아 서는 기술.

일수족옆돌기 : 몸의 측면으로 풍차가 돌듯 한 팔을 펴 손으로 지면을 짚고 두 발을
　　벌려 옆으로 돌아 서는 기술.

무수공중옆돌기 : 몸의 측면으로 점프하여 손을 지면에 짚지 않고 풍차가 돌듯 두
　　발을 벌려 옆으로 돌아 서는 기술.

무수공중수평옆돌기 : 몸의 측면으로 점프하여 상체를 수평으로 유치 한 채 풍차가
　　돌듯 두 발을 벌려 옆으로 돌아 서는 기술.

양수족앞돌기(덤블링) : 두 팔을 정면으로 어깨넓이로 벌려 펴 두 손을 지면에 짚고
　　한발 한발 정면으로 차 앞으로 돌아 두발로 착지하여 앞으로 돌아 서는 기술.

일수족앞돌기 : 한 팔을 정면으로 펴 손을 지면에 짚고 한발 한발 정면으로 차 앞으로
　　돌아 두발로 착지하여 앞으로 돌아 서는 기술.

무수공중앞돌기 : 두 발을 모아 공중점프를 하고 그대로 몸을 정면으로 숙여 공중
　　에서 360° 회전하고 두 발로 착지 하여 서는 기술.

양수족앞반뒤로돌기 : 양수족옆돌기처럼 돌다 두 발을 공중에서 모아 몸을 한쪽으로
　　틀어 본래 시작 지점을 바라보게 두 발을 모은 상태로 착지하여 서는 기술.

일수족앞반뒤로돌기 : 일수족옆돌기처럼 돌다 두 발을 공중에서 모아 몸을 한쪽으로
　　틀어 본래 시작 지점을 바라보게 두 발을 모은 상태로 착지하여 서는 기술.

무수공중앞반뒤로돌기 : 무수공중옆돌기처럼 돌다 두 발을 공중에서 모아 몸을 한쪽
　　으로 틀어 본래 시작 지점을 바라보게 두 발을 모은 상태로 착지하여 기술.

양수족뒤로돌기 : 두 발로 점프하면서 두 팔을 어깨 넓이로 펴 허리를 활처럼 뒤로
　　젖혀 뒤로 돌아 두 손을 지면에 집고 이어 두발을 지면에 착지하여 서는 기술.

일수족앞돌기(덤블링) : 두 팔을 정면으로 어깨넓이로 벌려 펴 두 손을 지면에 짚고
　　한발 한발 정면으로 차 앞으로 돌아 두발로 착지하여 앞으로 돌아 서는 기술.

일수족뒤로돌기 : 두 발로 점프하면서 두 팔을 어깨 넓이로 펴 허리를 활처럼 뒤로 젖혀 뒤로 돌아 한 손을 지면에 짚고 이어 두발을 지면에 착지하여 서는 기술.

무수공중뒤로돌기 : 두 발로 점프하면서 허리를 활처럼 뒤로 젖혀 공중 돌아 손을 지면에 짚지 않고 바로 두발로 착지하여 서는 기술.

낙호법 : 경호대상이 외부의 공격을 받거나 의식을 잃었을 경우, 몸이 균형을 잃고 넘어지려는 순간 경호대상의 신체를 감싸거나 지지하여 경호대상의 신체 부상 없이 안전하게 보호하여 착지하는 기술.

유도낙호법 : 위해기도자의 공격 시 경호대상을 잡아당기거나 돌려 낙법 또는 낙선법을 유도하여 1차적 위험으로부터 안전을 확보 하는 기술.

전방유도낙호법 : 경호대상을 앞으로 굴려 지면에 착지 할 수 있도록 유도하거나 경호대상의 신체 앞부분으로 지면에 착지 할 수 있도록 하는 유도법 기술.

측방유도낙호법 : 경호대상이 자신의 신체 측면부분으로 지면에 착지 할 수 있도록 하는 유도법 기술.

후방유도낙호법 : 경호대상이 자신의 신체 뒷부분으로 지면에 착지 할 수 있도록 하는 유도법 기술.

전방낙호법 : 경호대상의 신체를 감싸거나 붙잡아 앞으로 굴려 지면에 착지 할 수 있도록 하는 기술.

후방낙호법 : 낙호법 시도자가 경호대상의 신체를 감싸거나 붙잡고 뒤로 넘어져 착지 하거나 굴러 착치 하는 기술.

측방낙호법 : 낙호법 시도자가 경호대상의 신체를 감싸거나 붙잡고 측면으로 넘어져 착지 하거나 측면으로 굴러 착지하는 기술.

점프낙호법 : 경호대상과의 이격 거리가 멀거나 다소 떨어져 있는 경우 뛰어 달려와 서서 멀리 점프하여 경호대상의 신체를 감싸거나 붙잡고 낙호법을 하는 기술.

선호법 : 낙호법 직후 또는 경호대상자가 몸의 균형을 잃고 넘어져 있을 때 신속히 경호대상의 몸을 세워 일으켜 안전을 확보 하는 기술.

전방선호법 : 경호대상을 앞에서 끌어당기거나 들어 올려 당겨 세우는 선호법.

후방선호법 : 경호대상을 뒤에서 일으켜 세우는 기술.

측방선호법 : 경호대상을 측면으로 돌려 일으켜 세우는 기술.

무증공법호위낙선법 : 가상의 장애물 또는 공격이 있다는 설정 하에 낙법, 선법, 낙선법, 낙호법, 선호법, 호위낙선법을 수련하는 기술.

장애물낙선법 : 장애물을 설치해 낙선법을 통해 뛰어넘어 안전하게 착지하고 일어서는 낙선법 기술을 익히는 훈련기술.

경호대상호위낙선법 : 경호대상을 두고 위험상황에 대한 신속한 낙호법, 선호법, 호위낙선법, 팀호위낙선법 등의 기술을 익히는 훈련기술.

호위낙선법 : 경호대상을 낙호법으로 유도한 후 동시에 선호법으로 일어나 안전을 확보 하는 기법으로 자신과 경호대상자에게 가해지는 1차 위험을 낙호법을 통해 피하고 곧바로 선호법으로 연결해 일어남으로서 이어질 수 있는 2차의 위험으

로부터 벗어나 경호대상의 안전을 확보하는 기술.

전방호위낙선법 : 경호대상과 함께 앞으로 구르거나 착지하여 일어서는 기술.

후방호위낙선법 : 경호대상과 함께 뒤로 구르거나 착지하여 일어서는 기술.

측방호위낙선법 : 경호대상과 함께 측면으로 구르거나 착지하여 일어서는 기술.

점프호위낙선법 : 경호대상과의 이격 거리가 멀거나 다소 떨어져 있는 경우 뛰어 달려와 서서 멀리 점프하여 경호대상의 신체를 감싸거나 붙잡고 호위낙선법을 하는 기술.

응용호위낙선법 : 일정한 자세나 각도 없이 자연스럽고 신속하게 기본호위낙선법을 응용하여 취하는 기술.

팀호위낙선법 : 2인 이상 팀을 이뤄 경호대상을 보호하기 위해 취하는 낙호법, 선호법, 호위낙선법 기술.

2. 호위대련법 용어 해설

호위대련법 : 경호환경에서 일어 날 수 있는 맨손공격 무기공격 다수에 의한 물리적 공격수단으로부터 대응 할 수 있는 실질적인 가상 훈련기술.

대련 : 짝을 지어 약속에 의한 겨루기 단련을 한다는 뜻으로 상대의 공격과 자신의 방어 그리고 자신의 공격과 상대의 방어에 대한 모든 상황을 예견하고 공격과 방어 등을 실제상황에 가장 근접하여 단련하는 기술.

기본대련법 : 자유대련시 구사하는 방어법과 공격법을 실제와 같이 훈련하는 기술.

대련견제기술 : 상대를 견제하여 자신의 빈틈을 보이지 않고 쉽사리 공격 할 기회를 주지 않는 기술.

대련방어기술 : 손과 팔, 다리와 발, 전환선법으로 상대의 공격을 막고, 흘리고, 유도하고, 피하는 기술.

대련공격기술 : 권법, 발차기, 무기술, 권무형법결합, 호신술결합, 전환선법결합, 낙선법결합, 특기술법결합 등 손과 팔, 다리와 발, 무기 등 다양한 방법으로 상대를 공격하는 기술.

호위대련법수련단계 : 호위대련법 수련체계를 유급 또는 유단 수련자의 수련기간과 수준에 따라 지도하고 익히는 과정.

대련전환선법 : 방어와 공격을 자유자제로 할 수 있는 스텝기술.

일대일대련법 : 상대와 일 대 일로 맞서 겨루는 기술.

한번공격대련 : 상대와 공격 기회를 한번 씩 나눠가지며 단식(한번) 공격을 하고 상대 단식공격에 방어 하거나 피하고 다시 공격하고 다시 방어하거나 피하고를 반복하여 수련하는 대련 훈련기법. 상대와 실력 차가 있더라고 공격의 기회가 균등하게 주어짐에 따라 대련기술을 익히는데 매우 효과적인 훈련법이기도 하지만 익숙해지면 실제 공격과 방어가 순식간에 진행되기 때문에 실력이 높은 수련자

들이 대련을 하게 되면 두 번 공격 대련이나 자유대련보다 훨씬 치열하고 절대 방심 할 수 없는 대련 훈련 기술.

두번공격대련 : 상대와 공격 기회를 한번 씩 나눠가지며 복식(두 번, 혼용복식, 결합복식) 공격을 하고 상대 복식공격에 방어 하거나 피하고 다시 공격하고 다시 방어하거나 피하고를 반복하여 수련하는 대련 기술.

권법대련 : 공격기초자세, 방어기초자세, 기본권법, 혼용권법, 응용권법으로 상대와 맞서 겨루는 훈련법으로 한번공격대련, 두 번 공격대련, 자유공격대련으로 수련단계를 높여 훈련하는 기술.

발차기대련 : 하단발차기, 단식발차기, 응용발차기, 복식발차기법, 점프발차기법, 특수발차기법, 전환선법발차기법으로 상대와 맞서 겨루는 훈련법으로 한번공격대련, 두 번 공격대련, 자유공격대련으로 수련단계를 높여 훈련 하는 기술.

수족법대련 : 권법대련과 발차기대련의 기술을 결합하여 치고 차는 겨루기 훈련법으로 한번공격대련, 두 번 공격대련, 자유공격대련으로 수련단계를 높여 훈련하는 기술.

호신술대련 : 선공격호신술과 해제역호신술로 공격과 방어를 주고받으며 상대와 맞서 겨루는 훈련법으로 한번(복수허용)호신술, 자유호신술 대련으로 수련단계를 높여 훈련함. 호신술 대련은 상대를 완전히 제압하여 항복의 의사를 밝힐 때 가지 진행 되는 것이 아니라 다양한 호신술 완벽히 걸려 상대를 제압하거나 넘어트리는 수준에서 훈련 하는 기술.

제압호신술대련 : 상대와 맞서 호신술로 겨루어 상대가 더 이상 제압해제하거나 역습을 할 수 없다는 항복의 사인을 줄 때까지 상대를 완벽히 제압하는 기술

결합자유대련 : 권법, 발차기, 호신술, 특기술, 전환선법 등을 모두 결합해 상대와 일 대 일로 맞서 겨루는 기술.

맨손대무기대련 : 무기를 소지하고 공격하는 일대 일로 맞서 겨루는 대련 기술.

무기대무기대련 : 상호간 무기를 소지하고 일대 일로 맞서 겨루는 대련 기술.

일대다수대련 : 2인, 3인, 4인 등 다수의 상대와 맞서 겨루는 대련 기술.

호위대련 : 경호대상을 호위하며 상대와 겨루는 대련 기술.

일대일호위대련 : 경호대상을 공격하는 공격자 1인과 맞서 겨루는 호위대련 기술.

일대다수호위대련 : 경호대상을 공격하는 공격자 2인, 3인, 4인 등 다수의 상대와 맞서 겨루는 호위대련 기술.

팀호위대련 : 2인 이상이 팀을 이뤄 경호대상을 호위하거나 긴급 피난시키고 공격자와 맞서 싸우는 호위대련 기술

3. 호위사격술법 용어 해설

총 : 금속탄환을 발사하는 현대화된 무기.

권총 : 금속탄환을 근접 발사하는 현대화된 무기.

소총 : 금속탄환을 원거리 발사하는 현대화된 무기.

개인화기 : 금속탄환을 발사하는 권총과 소총을 뜻함.

사격술 : 총파지법 표적식별법, 조준법, 격발법 ,의탁법, 낙선법 등의 기술

호위사격술 : 위해기도자의 사격 방향에 따라 경호대상을 은폐 엄폐될 수 있도록
　　　자신의 신체를 통해 인벽 구축하거나 몸으로 감싸 낙호법을 유도 후 반격 사격
　　　하는 기술.

사격술법 : 서서쏴, 앉아쏴 ,엎드려쏴, 누워쏴, 의탁쏴, 낙선법쏴, 전환선법쏴, 차량
　　　기동간쏴 등이 있다.

권총착용법 : 권총집을 착용 하는 방법.

어깨매어 : 권총집을 어깨에 걸쳐 매는 기술.

오대매어 : 권총집을 허리에 걸쳐 매는 기술.

허벅지매어 : 권총집을 허벅지에 매는 기술.

발목매어 : 권총집을 발목에 매는 기술.

권총파지법 : 조준 하고 사격하기 위해 올바르게 권총을 잡는 자세.

권총한손파지법 : 한손으로 권총을 잡는 기술.

권총양손파지법 : 두손으로 권총을 잡는 기술.

소총파지법 : 조준 하고 사격하기 위해 올바르게 소총을 잡는 자세.

기관단총한손파지법 : 한손으로 기관단총을 잡는 자세.

소총양손파지법 : 한손은 총열 한손은 손잡이와 방아쇠를 잡고 개머리판을 어깨에
　　　견착하여 취하는 기술.

조준 : 목표물을 향해 방향과 거리를 잡아 겨누는 기술.

조준선정렬 : 사수의 눈으로부터 가늠자구멍(홈)과 가늠쇠(울)를 거쳐 목표의 조준
　　　점에 이르는 직선.

정조준 : 목표의 정 중앙에 조준선을 정확하고 세밀하게 유지하여 조준 하는 기술.

격발 : 방아쇠를 당겨 탄환을 쏘는 기술을 말함. 방아쇠를 당기는 인지와 반대쪽 손
　　　잡이를 지탱하는 엄지를 천천히 압력을 주어 쥐는듯하여 자연스럽게 격발 하는
　　　것이 요령.

사격호흡 : 사람은 1분에 약 18회의 호흡을 하는데 호흡하려면 배와 어깨를 비롯하여
　　　온몸이 비세하게 움직이게 되어 있다 호흡시의 움직임은 조준과 격발에 큰영향을
　　　미치므로 호흡을 일시 정지하여 무호흡 상태로 조준과 격발을 함. 호흡정지는
　　　12초 이내로 함.

영점 : 조준지점과 탄착지점이 일치 하도록 가늠자를 조절하여 유지 하는 기술.

호위사격술법수련단계 : 호위사격술법 수련체계를 유단 수련자의 수련기간과 수준에
　　　따라 지도하고 익히는 과정.

예비사격술 : 탄이 없는 총으로 조준과 격발을 연습하는 기술.

조준사격 : 정조준으로 적을 정확하고 세밀하게 조준 하여 사격하는 기술.

지향사격 : 상대의 방향과 위치를 파악하고 총구가 적을 향하게 하여 감각적으로 조준선정렬을 하고 사격 하는 기술.

기본사격자세 : 권총과 소총으로 조준하고 격발하는 기본적 사격기술.

경계사격자세 : 권총 및 소총의 총구를 위 또는 아래로 하여 오발로 인한 사고를 방지하고 범인 및 테러리스트와 조우시 곧 바로 사격 할 수 있도록 취하는 예비자세.

서서쏴사격자세 : 어깨넓이로 두 다리를 앞뒤 또는 좌우로 벌려 서서 사격하는 기술.

무릎쏴사격자세 : 한쪽 무릎을 지면에 닿게 하고 반대 무릎을 90°구부려 세워 앉은 자세로 사격하는 기술.

의탁쏴사격자세 : 벽면 또는 은폐 및 엄폐물에 신체를 기대어 사격하는 기술.

앉자쏴사격자세 : 엉덩이를 지면에 깔고 앉아 두 다리를 어깨 넓이로 벌리고 무릎을 구부려 발바닥이 지면에 닿도록 한 자세로 사격하는 기술.

엎드려쏴사격자세 : 앞으로 엎드려 사격하는 기술.

누워쏴사격자세 : 뒤로 누워 사격하는 기술.

이동사격술 : 전후좌우측면으로 이동하며 상대가 정조준 사격을 하는 것이 어렵게 하며 신속히 이동하면서 사격 하는 사격기술.

전환선법사격술 : 순식간의 방향전환과 위치이동을 통해 다방향의 적에게 방어사격과 대응사격을 할 수 있는 사격기술.

낙법사격술 : 낮은 자세로 낙법을 하며 사격하는 기술.

선법사격술 : 신속히 몸을 일으켜 사격하는 기술.

낙선사격술 : 낙법과 선법을 결합하여 위치이동 및 방향전환을 하며 사격하는 기술.

의탁사격술 : 은폐 및 엄폐물에 신체를 기대며 사격하는 기술.

특수사격술 : 상대를 치거나 차고 동시에 사격을 하는 기술.

연결사격술 : 각 사격자세와 사격술을 결합하여 연속으로 연결해 방어사격과 대응사격을 훈련하는 사격훈련술.

차량사격술 : 이동간 차량의 창문 또는 선루프를 통해 의탁하며 사격하거나 차량 정차시 차문 및 차량체에 은폐 및 엄폐하여 사격하는 사격 기술.

호위사격술 : 공격방향으로 자신의 몸으로 인벽을 구축하거나 경호대상을 감싸 호위하며 방어사격 및 대응사격 하는 사격술.

팀호위사격술 : 2인 이상이 팀을 이뤄 인벽(이방, 삼방, 사방, 중첩) 구축, 낙호법, 긴급피난을 실시하며 방어사격 및 대응사격을 하는 팀웍호위사격술.

장명진

- 사단법인 한국경호무술진흥회 회장
- 전통무예원류적통자 모임 간사
- 장명진경호무술원 총원장
- 국무총리실 국가재난관리본부 자문위원
- 초당대학교 경호학과(경호무술) 겸임교수
- 고려대학교 사범대학원 석사과정(경호무술) 강사
- 선문대학교 무도학과, 충청대학 태권도학과(경호무술) 강사
- 국립경찰대학 수사보안연수소(경호무술/경호전략) 강사
- 중국연길시공안국 보안전문대학교 명예교수
- 한서대학교, 서일대학 사회교육원 경호학과(경호무술) 강사
- KBS아카데미 경호원 양성과정(경호무술) 강사
- 사단법인 한국무예포럼 운영위원
- 주식회사 탐경(경호회사) 대표이사
- 국제경호아카데미 원장
- 국제경호협회 회장
- 한국안전교육학회, 한국경호경비학회 운영위원
- 사단법인 한국경비협회 신변보호분과 운영위원
- 사단법인 한국직능단체총연합회 상임부회장
- 제10기 민주평화통일 자문위원(대통령)
- 윗몸일으키기(14,824회) 기네스기록 보유(1990년)
- 『경호무술』, 『경호실무』 저술(개정7권, 1994년~2011년)
- 『경호직무능력표준』, 『경호자격규정집』(2004년~2005년)
- 「경호산업문제분석과 발전방안에 관한 연구」 외 다수의 논문
- 대통령표창(2002년), 국무총리표창(2007년)

[무술입문 및 경호무술 창시보급]

7세에 무예 입문. 태권도, 택견, 합기도, 쿵푸 등을 수련하고 경호무술을 창시하는 등 40여 년간 무공을 쌓았다. 1986년 708특공대(경호부대) 복무 중 86서울아시안게임과 88서울올림픽 경호작전임무를 계기로 경호무술을 연구하기 시작해, 1992년 정립한 경호무술을 국내 최초로 설립된 국제경호아카데미에서 경호원양성 교육과정으로 지도하기 시작하였다. 이후 대학(교) 경호무술학과 및 경호학과와 관련학과에 보급하였다. 1996년 국내최초로 인터넷 경호무술강좌를 시작으로 초·중·고등학생 및 일반인 대상으로 경호무술원을 개원하여 전국에 보급하고 있다. 또한 중국, 미국, 남미지역에 해외지부를 두고 세계화 중에 있으며, 국내외 주요 방송매체를 통해 크게 주목받고 있다.

강호무술 Since1992 警護武術

호위낙선법, 대련법, 사격술법

6

초 판 인 쇄| 2011년 7월 15일
초 판 발 행| 2011년 7월 15일

지 은 이| 장명진
펴 낸 이| 채종준
펴 낸 곳| 한국학술정보㈜
주   소| 경기도 파주시 교하읍 문발리 파주출판문화정보산업단지 513-5
전   화| 031) 908-3181(대표)
팩   스| 031) 908-3189
홈 페 이 지| http://ebook.kstudy.com
E - m a i l| 출판사업부 publish@kstudy.com
등   록| 제일산-115호(2000. 6. 19)

ISBN   978-89-268-2196-1 14690 (Paper Book)
          978-89-268-2197-8 18690 (e-Book)
          978-89-268-2184-8 14690 (Paper Book Set)
          978-89-268-2185-5 18690 (e-Book Set)

 는 한국학술정보(주)의 지식실용서 브랜드입니다.